LES FANTÔMES DU PARLEMENT

L'utilité des sources anonymes
chez les courriéristes parlementaires

Marc-François Bernier

LES FANTÔMES DU PARLEMENT

L'utilité des sources anonymes
chez les courriéristes parlementaires

Les Presses de l'Université Laval

L'auteur remercie la Faculté des Arts de l'Université d'Ottawa qui a contribué financièrement à la publication de cet ouvrage.

Nous reconnaissons l'aide financière du gouvernement du Canada par
l'entremise de son Programme d'aide au développement de l'industrie
de l'édition (PADIÉ) pour nos activités d'édition.

Données de catalogage avant puclication (Canada)

Bernier, Marc-François

Les fantômes du Parlement : l'utilité des sources anonymes chez
les courriéristes parlementaires

Présenté à l'origine comme thèse (de doctorat de l'auteur – Université Laval), sous le titre : Quelques aspects stratégiques du
recours aux sources anonymes dans les comptes rendus de courriéristes parlementaires de la presse écrite francophone à
l'Assemblée nationale du Québec.

Comprend des réf. Bibliogr.

ISBN 2-7637-7781-3

Québec (Province). Assemblée nationale – Chroniques. 2. Sources
d'information (Journalisme) – Québec (Province). 3. – Québec (Province) Assemblée nationale – Journalistes. 4. – Divulgation
d'informations – Québec (Province). 5. Chroniques parlementaires.
6. Journalistes parlementaires. I. Titre. II. Titre : quelques aspects
stratégiques du recours aux sources anonymes dans les comptes
rendus de courriéristes parlementaires de la presse écrite francophone à l'Assemblée nationale du Québec.

PN4919.Q82B47 2000   070.4'49328714   C00-942041-X

Mise en pages : Francine Brisson

Maquette de couverture : Chantal Santerre

Distribution de livres Univers
845, rue Marie-Victorin
Saint-Nicolas (Québec)
Canada G7A 3S8
Tél. (418) 831-7474 ou 1 800 859-7474
Téléc. (418) 831-4021
http://www.ulaval.ca/pul

*À Manon, qui m'a permis
de vaincre mes découragements*

TABLE DES MATIÈRES

4

Où les fantômes du Parlement se manifestent 55

5

Autocommunication de groupe 83

6

Esquisse du profil stratégique des courriéristes 89

AVANT-PROPOS

LE PRÉSENT ouvrage est l'adaptation d'une thèse de doctorat soutenue à l'Université Laval, à l'été 1998, sous la direction de M. Vincent Lemieux, du Département de science politique, et la codirection de M. Jean Charron, du Département d'information et de communication. La thèse leur doit une grande partie de sa pertinence et de sa cohérence, tellement leur contribution a été déterminante à certaines étapes charnières.

Bien qu'il s'alimente largement de la thèse, et y emprunte de très nombreux passages, ce livre escamote les considérations méthodologiques incontournables et nécessaires dans toute démarche scientifique. Il omet aussi de présenter quelques dizaines de tableaux très détaillés annexés à la thèse originale. J'ai par ailleurs enrichi mon propos d'événements récents et passés qui illustrent davantage l'utilité des sources anonymes comme tactique visant à influencer l'opinion publique. Sans sacrifier à la rigueur de l'analyse, je me permets ici et là quelques libertés qui prendront la forme de commentaires et de critiques qui n'altèrent pas la validité de mes propos. Compte tenu de ces modifications, je tiens à préciser que je suis le seul responsable du travail d'adaptation de la thèse.

Les événements se sont bousculés quelque peu depuis la fin de la rédaction de la thèse. J'ai eu la chance de travailler pendant neuf mois comme journaliste à la Tribune de la presse de l'Assemblée nationale du Québec, pour *Le Journal de Québec*. Il va de soi que l'expérience a été enrichissante à plusieurs égards. Mais cela m'a surtout permis de vérifier la validité de la thèse et du modèle que je présente ici. Cela m'a aussi permis de constater l'importance que les courriéristes accordent aux articles et reportages contenant des *scoops* et des primeurs, d'observer quotidiennement l'impact de la vie de groupe qui rend nécessaires la collaboration et le maintien de relations sociales et professionnelles convenables avec les autres journalistes, sans toutefois élimer le désir intense de se démarquer de ce même groupe par la diffusion d'informations exclusives.

J'ai aussi pu assister aux réactions tantôt ironiques tantôt colériques de certains élus et membres de leur personnel politique à la suite de la diffusion d'informations provenant de sources anonymes, ou lors de fuites de documents dont la publication s'est ainsi trouvée prématurée du point de vue de certains acteurs politiques qui voyaient leur stratégie court-circuitée par d'autres membres du même gouvernement, sinon du même conseil des ministres. J'ai été sensibilisé à l'étroite parenté stratégique des acteurs politiques qui profitent de l'anonymat et de ceux qui organisent des fuites de documents afin de favoriser leur position dans le jeu politique, notamment en nuisant à l'avancement de dossiers avec lesquels ils sont en profond désaccord.

J'ai observé que les journalistes et même les sources d'information ne semblent jamais remettre en question la pertinence de la diffusion exclusive d'informations contenues dans des documents obtenus grâce à une fuite, pas plus qu'ils ne semblent mettre en doute le professionnalisme des journalistes qui en ont profité. Mais cette apparente unanimité s'effrite dans le cas d'informations exclusives attribuées à des sources anonymes. Ces informations, surtout quand elles sont nettement défavorables, soulèvent des résistances diverses qui concernent leur véracité, leur crédibilité, voire le professionnalisme des journalistes en cause. On peut donc avancer que la *parenté* des responsables de fuites et des sources anonymes ne se prolonge pas au-delà de leur logique stratégique, car les deux groupes se démarquent (ou sont discriminés) en fonction de la véracité des informations diffusées, facilement vérifiable pour les fuites de documents, et de la crédibilité du journaliste dans le cas des énoncés anonymes dont il demeure le seul garant.

J'aborde maintenant une question plus délicate. Le lecteur à qui l'univers médiatique est peu familier doit savoir qu'il existe une rectitude journalistique comme il existe une rectitude politique. La rectitude journalistique voudrait qu'on évite de jeter publiquement un regard critique sur le travail de la presse, et cet interdit est encore plus vigoureux lorsque le critique est ou a été journaliste, ce qui est mon cas. Pour être pleinement efficace, la rectitude journalistique est assortie d'une panoplie de sanctions, car tout groupe cherche naturellement à contenir les déviances perçues comme menaçantes. Je sais déjà que certains de mes propos seront perçus, chez quelques anciens collègues, comme autant d'attaques déloyales. Je leur demande à l'avance de prendre en considération qu'il est aussi pertinent et d'intérêt public d'analyser les comportements des journalistes politiques que les comportements des acteurs politiques, syndicaux, économiques et même scientifiques. Les médias ont un rôle souvent déterminant dans l'établissement de l'agenda politique, et c'est exactement ce que cherchent à exploiter bon nombre de fantômes du parlement. Le citoyen a donc tout intérêt à en savoir davantage à ce sujet afin d'être en mesure de mieux décoder l'information qu'on lui sert quotidiennement.

Par ailleurs, afin d'éviter de donner l'impression que je m'acharne sur quelques individus au détriment de l'analyse plus systémique, il a été convenu que je n'identifierais pas les courriéristes parlementaires dont les comptes rendus font l'objet de l'analyse de contenu. Cette consigne ne tient pas lorsque je fais état d'incidents, d'anecdotes et d'événements ayant déjà un caractère public.

Finalement, on pourrait se demander quel était l'intérêt de consacrer une thèse à une question qui semble avoir peu de *sex appeal*, comparativement aux problèmes que soulèvent l'information-spectacle, les nouveaux médias, l'invasion de la vie privée ou la concentration de la propriété des entreprises de presse. C'est que, justement, le travail du chercheur se résume souvent à aborder de façon systématique et approfondie ce que d'autres considèrent comme allant de soi, et qui est donc sans intérêt, ne serait-ce que pour vérifier le bien-fondé du confort intellectuel de nos prénotions et préjugés.

On le verra, le recours aux sources fantômes est étroitement associé aux notions de concurrence, de *scoops*, d'exclusivités, de distinction et de notoriété au profit des entreprises de presse et de leurs journalistes qui se prêtent à ce jeu. Dans un contexte socio-économique qui valorise grandement ces notions, et avec une multitude de médias qui cherchent à maximiser les profits tout en investissant de moins en moins dans de coûteuses enquêtes de longue durée aux résultats incertains, il est prévisible que la question des sources anonymes — presque invariablement associée par le passé à la divulgation de scandales et à la dénonciation de comportements inacceptables selon les normes en vigueur — devienne de plus en plus l'objet de dénonciations et de critiques virulentes à l'endroit des médias. Il est légitime de croire que les mécontents percevront surtout la dimension instrumentale de cette pratique qui, la plupart du temps, fera davantage d'ombre que de lumière, mènera plus à la confusion qu'à l'entendement, favorisera l'opacité au détriment de la transparence et de l'imputabilité des systèmes démocratiques et des acteurs politiques et médiatiques.

Sans rien révolutionner et sans sombrer dans le pessimisme caractéristique de certains critiques des médias, je souhaite simplement que ce livre serve d'outil de référence à usages multiples pour les journalistes et leurs supérieurs hiérarchiques, mais aussi pour ceux qui s'intéressent vivement à l'actualité politique, à la formation de l'opinion publique et aux stratégies de la communication politique. Il importe de favoriser une saine critique des médias et de freiner les critiques exacerbées et souvent dénuées de fondements qui, malheureusement, sont placées trop fréquemment à l'avant-scène dans notre société si obsédée de se trouver des coupables pour tout et pour rien.

En documentant et en expliquant les risques et les bénéfices du recours aux sources anonymes, je souhaite enrichir les débats futurs concernant cette pratique professionnelle dont la légitimité, et peut-être la légalité dans certains cas, repose largement dans l'utilisation raisonnable qui en est faite.

INTRODUCTION

LA QUESTION du recours aux sources anonymes chez les courriéristes parlementaires s'inscrit principalement dans le champ des études en communication politique. En m'inspirant de travaux en sociologie de l'information et de certaines théories qui en découlent, je propose une analyse stratégique de cette pratique.

Je considère le recours aux sources anonymes comme une action instrumentale orientée vers le succès, un moyen parmi d'autres destiné à atteindre une finalité précise, mais je crois qu'il s'agit d'une action qui résulte d'un compromis négocié par les courriéristes et leurs sources d'information.

On verra qu'en contournant les contraintes de leur groupe respectif, les courriéristes parviennent notamment à se démarquer de la concurrence, en publiant davantage de primeurs et de *scoops* par exemple, alors que les sources politiques sont en mesure de faire diffuser plus d'informations avantageuses, de leur point de vue, que ne leur permet la déclaration publique conventionnelle de la conférence de presse, de l'entrevue et du communiqué de presse.

Avant d'arriver au cœur de la recherche, je ferai quelques détours afin de familiariser le lecteur avec certaines définitions et notions théoriques. Je dresserai rapidement un état des lieux concernant les règles de conversation entre les journalistes et leurs sources d'information, tout en évoquant les principales motivations des sources anonymes.

Je traiterai également de la communication politique, des débats et controverses que l'anonymat des sources alimente. Pour ce faire, je présenterai bon nombre d'informations provenant de la littérature étrangère, américaine surtout, car la question des sources anonymes n'a pas reçu à ce jour une grande attention de la part des chercheurs, ni de la part des commentateurs et des acteurs de la production journalistique au Québec.

Après avoir éclairé le lecteur sur la question, je m'engage à présenter et à analyser un grand nombre de résultats tirés d'une analyse de contenu de 642 comptes rendus des courriéristes parlementaires de l'Assemblée nationale du Québec. Ces données quantitatives et qualitatives seront mises en relation avec des informations obtenues lors d'entrevues avec des informateurs politiques et journalistiques. Outre les remarques de mes informateurs, on retrouvera d'autres commentaires, événements et anecdotes ayant marqué la vie politique en Europe, aux États-Unis, au Canada et au Québec. De plus, les résultats d'une enquête par questionnaire menée à l'hiver 2000 auprès de 45 députés de l'Assemblée nationale du Québec permettra de mieux connaître leur perception des courriéristes parlementaires, notamment en ce qui a trait au recours aux sources anonymes.

Finalement, ma recherche empirique et mon analyse seront suivies d'une critique de cette pratique professionnelle qui a des avantages indéniables pour les journalistes et les acteurs politiques, mais qui suscite également des craintes eu égard à l'imputabilité des élus, à la crédibilité des médias d'information et à la manipulation de l'opinion publique.

LA DANSE DES FANTÔMES[1]

IL ME FAUT premièrement définir ce que j'entends par *source anonyme*. Ce concept est souvent confondu avec celui de « source confidentielle ». La différence réside essentiellement dans le fait qu'une source anonyme devient confidentielle au moment où un journaliste, pour protéger sa source, refuse d'en divulguer l'identité devant une instance judiciaire. Source anonyme et source confidentielle peuvent donc désigner la même personne, le même acteur politique. Alors que la première demeure inconnue du public à la suite d'un accord intervenu entre elle et le journaliste, la seconde est protégée par le refus du journaliste de dévoiler son identité devant la justice. Par conséquent, la question du recours aux sources anonymes dans les comptes rendus des courriéristes parlementaires n'est pas similaire à celle de la protection de la confidentialité de ces mêmes sources devant la justice, et leurs implications ne sont pas les mêmes (Shaw, 1984 : 60 ; Boeyink, 1990 : 244). Sur le plan chronologique, la notion de source anonyme est antérieure à celle de source confidentielle, puisque ce n'est qu'une fois que le journaliste a publié des informations obtenues d'une source anonyme que la justice peut chercher à connaître l'identité de cette source : on pourrait dire que la source anonyme est en amont, et la source confidentielle en aval.

Les définitions de la source anonyme sont généralement assez constantes. Il y a pourtant intérêt à proposer une définition qui soit fonctionnelle sur les plans méthodologique et théorique, ce que je ferai après avoir survolé les principales définitions que l'on retrouve chez les auteurs qui se sont intéressés à la question.

---

1. Ce chapitre est largement inspiré de travaux antérieurs, dont le chapitre 13 de mon ouvrage *Éthique et déontologie du journalisme* (Bernier, 1994).

Pour Boeyink, la source anonyme est une personne dont l'identité n'est pas nommément dévoilée dans un compte rendu journalistique, mais qui peut être décrite de façon générale (« un haut fonctionnaire » — Boeyink, 1990 : 244). Culbertson, qui a consacré plusieurs recherches à ce sujet, estime qu'une source anonyme peut être aussi bien un organisme gouvernemental ou communautaire qu'un ou des individus, et même une organisation médiatique, telle une agence de presse ou un quotidien (Culbertson, 1978 : 459). De leur côté, Wulfemeyer et McFadden ont défini la citation anonyme comme étant une citation directe ou paraphrasée attribuée à un ou des individus non nommés. Ils ont observé que les sources anonymes étaient souvent désignées en fonction de leur appartenance à une organisation ou à un organisme, ou encore par des expressions comme « expert », « haut gradé », « observateur neutre » ou « subordonné ». Cela semble correspondre à ce que sont réellement les sources auxquelles les journalistes accordent l'anonymat (Wulfemeyer et McFadden, 1986 : 471).

Wulfemeyer avait proposé, dès 1983, une définition selon laquelle une source anonyme est une source d'information non désignée par son nom, dont un journaliste rapporte les opinions, les spéculations ou les allégations de fait dans un compte rendu. Cette définition permet le recours à des indications partielles comme « une source bien informée », « un porte-parole du maire », « une source digne de foi », ainsi qu'à des tournures indirectes comme « on rapporte » ou « il est allégué » (1983 : 45). Ces indications ne doivent cependant pas permettre au public de découvrir le nom de la source. En ajoutant à cette définition la possibilité que la source anonyme soit décrite partiellement par son appartenance à des organismes divers (gouvernements, partis politiques, groupes de pression, etc.), je suis en mesure de suggérer une définition satisfaisante :

> Une source anonyme est une personne à qui un journaliste attribue des opinions, des prises de position et des informations diverses, sans en révéler le nom au public auquel il s'adresse. Cette personne peut toutefois être partiellement décrite en faisant référence à ses compétences, à ses expériences, à ses titres, à son appartenance à des organismes ou à des organisations variées, mais ces indications ne doivent cependant pas permettre de découvrir le nom de la source[2].

Cette définition quelque peu technique n'en est pas moins utile et opérationnelle, car elle convient à certaines formules classiques qu'emploient les journalistes québécois pour présenter une source anonyme : « un proche du premier ministre », « dans l'entourage du premier ministre », « un conseiller politique », « un haut fonctionnaire », « un collègue qui a demandé l'anonymat », etc. Afin de

---

2. Sauf indication contraire, les traductions sont de l'auteur.

familiariser le lecteur avec ce que j'entends par énoncés identifiés et anonymes, voici quelques exemples. Commençons par des énoncés identifiés :

> Le premier ministre Jacques Parizeau a accusé le chef de l'opposition libérale Daniel Johnson d'avoir « à ce point peur de l'avenir » qu'il ne voit « le Québécois idéal que quand il est petit, un peu ratatiné ».

> Pour Yvon Picotte, le comité parapluie du Non « va être beaucoup plus difficile à former que celui du Oui parce qu'il y a beaucoup d'intérêts divergents là-dedans ».

> Dans son dernier message aux électeurs, M. Johnson a dit compter sur la « sagesse du peuple québécois » dans leur choix entre le « réalisme » libéral et le « radicalisme » du chef péquiste.

> Le premier ministre Daniel Johnson a invité hier le ministre fédéral des Finances, Paul Martin, à concentrer ses efforts sur la création d'emplois et à éviter toute augmentation des taxes ou impôts dans le budget qu'il doit déposer mardi aux Communes.

Le dernier exemple fait la démonstration qu'un énoncé peut être identifié, c'est-à-dire clairement attribué à une source, sans que l'affirmation ou la proposition ne soit placée entre guillemets, ces derniers ayant uniquement la prétention de rapporter mot à mot un énoncé qui peut tout aussi bien être rapporté indirectement. Voici plusieurs exemples d'énoncés anonymes :

> Au cabinet du premier ministre, on expliquait hier avoir eu recours à cette entreprise, plutôt qu'aux services de Postes Canada, « parce que c'était moins dispendieux ainsi ».

> Les élus péquistes [...] ont également constaté que la stratégie de communication et de publicité aurait avantage à être revue. « On a passé l'époque d'une publicité (pensée) pour six semaines sans modification », signale-t-on.

> De fait, selon les informations obtenues par *Le Soleil*, les différentes organisations mêlées de près aux pourparlers en cours [...] en sont encore à discuter du rôle, de la place et des moyens financiers qu'elles entendent mettre en œuvre dans cette structure.

> Dans le camp péquiste, on fait ressortir le fait que le PQ compte toujours sur une forte avance de 21 points dans l'électorat francophone, ce qui lui assure une majorité de 83 sièges à l'Assemblée nationale.

> M. Poulin a refusé, hier, d'accorder des entrevues aux médias, mais des sources proches du député indiquaient que sa lettre de démission est déjà rédigée et sera remise au chef de parti à l'occasion du conseil général du PLQ qui s'ouvre demain à Québec.

> « Des sous-ministres continuent d'avoir des réserves de postes, dit gelés, alors que du personnel en stabilité d'emploi pourrait y être placé », souligne-t-on.

> Au cours des derniers jours, les observateurs se sont arraché les cheveux pour savoir qui serait ministre de quoi. Voici un aperçu des spéculations : André Bourbeau aux

Finances, Lucienne Robillard à la Santé et Services sociaux, Jacques Chagnon, un « junior » à l'Éducation, Normand Cherry aux Transports...[3]

Selon les informations obtenues par *La Presse*, l'entente est déjà conclue et il ne manque que des accords sur des questions très accessoires avant qu'elle ne soit rendue publique, d'ici deux semaines.

La source anonyme a des caractéristiques qui la distingue du simple « contact » avec lequel le journaliste a des relations plus ou moins occasionnelles, et qui lui donne des éléments d'information à propos d'événements dans lesquels il n'est pas impliqué, tout en demandant d'être tenu à l'écart du compte rendu qui pourrait résulter de la communication de ces éléments d'information (Williams, 1978 : 64). On verra plus loin que la question du recours aux sources anonymes soulève des questionnements éthiques chez les journalistes, alors que, selon Foreman, l'existence de « contacts » et leur rôle dans le processus journalistique ne causent pas de problèmes éthiques (1984 : 21).

Les règles de conversation

Il faut maintenant situer cette source anonyme typique sur un *continuum* de règles de conversation entre les journalistes et leurs sources d'information. La notion de règles de conversation fait référence aux conventions implicites et explicites qui régissent les échanges entre les journalistes et leurs sources d'information. Ces conventions sont le fruit d'ententes et de traditions qui balisent les relations entre les journalistes et leurs sources. Ces conventions sont en vigueur lorsqu'une source d'information est identifiée ou anonyme, voire totalement occultée du compte rendu, comme si l'information transmise au public provenait du journaliste lui-même, ce qui est souvent le cas dans les analyses, les chroniques et les éditoriaux. La catégorisation proposée ici est celle qui fait le plus large consensus chez les auteurs. Cependant, je suggère une traduction de règles qui sont presque toujours connues sous leur forme anglaise, même chez les journalistes francophones.

Pour publication

La règle de conversation la plus limpide est sans doute celle qui respecte la règle déontologique dominante consistant à identifier les sources d'information. On

---

3. Les quelques articles hautement spéculatifs de mon corpus, tels ceux qui cherchent à annoncer en primeur la composition d'un prochain conseil des ministres, ont causé un problème puisqu'il était impossible de déterminer avec certitude à quel moment commençait un énoncé anonyme et à quel moment il prenait fin. Par convention, j'ai considéré comme un seul et unique énoncé chaque phrase spéculative, que celle-ci contienne une ou plusieurs spéculations quant à l'identité des personnes qui combleront les divers postes vacants, comme c'est le cas du présent exemple.

pourrait la traduire par l'expression « pour publication » (« on the record ») qui permet une identification complète et implique qu'il s'agit d'une véritable déclaration publique. La source s'exprimant « pour publication » sait que tout ce qu'elle dit peut être diffusé dans les médias et lui être attribué nommément.

Ne me citez pas là-dessus

Moins limpide est la règle de conversation traduite par l'expression « ne me citez pas là-dessus » (« not for attribution », « on background ») à laquelle ont recours les sources d'information pour revendiquer et obtenir le couvert de l'anonymat. Cette règle permet au mieux une description de l'affiliation institutionnelle ou organisationnelle de la source, ainsi que la description de ses compétences et titres, à la condition que cette description ne permette pas l'identification de la source. Cette restriction incite les journalistes à recourir à des descriptions sommaires (« un haut fonctionnaire », « un expert », « dans l'entourage du premier ministre », etc.). Cette désignation de la source peut faire l'objet d'une entente entre celle-ci et le journaliste. Il existe du reste une impressionnante variété en matière de description partielle d'une source anonyme, comme l'a remarqué Burriss (1988) qui a recensé pas moins de 55 expressions et mots différents servant à décrire les sources anonymes. Quant aux 10 courriéristes parlementaires de l'Assemblée nationale du Québec dont les comptes rendus font l'objet de la présente analyse, ils ont utilisé pas moins de 95 expressions différentes, les plus fréquentes étant « selon des informations obtenues » ou « glanées », « dans l'entourage du premier ministre », « selon des sources fiables » ou « sûres » ou, encore, « en coulisse ». Il faut aussi noter — et peut-être déplorer — que les courriéristes n'ont offert à leurs lecteurs aucune description de leurs sources anonymes dans 11 % des 451 énoncés anonymes recensés. Cela limite certainement la capacité du public à porter un jugement minimalement éclairé sur la crédibilité, les compétences et les intérêts de la source d'information, le plus souvent politique, qui s'exprime sous le couvert de l'anonymat.

La source qui a recours à l'expression « ne me citez pas là-dessus » convainc les journalistes qui l'écoutent d'adopter une règle d'échange qui leur permettra d'obtenir de l'information publiable à la condition qu'ils cachent au public l'identité de leur source d'information. Cette règle peut être mise en vigueur et délaissée à plusieurs reprises pendant un même échange entre la source et les journalistes. Il y a alors commutation d'une règle à l'autre. Cette règle illustre le cas typique des déclarations anonymes recensées dans les comptes rendus journalistiques et qui font l'objet de ma recherche.

Pour appropriation

Encore moins limpide que les deux règles précédentes, et commençant à pencher davantage du côté du secret que de celui de la diffusion, la règle de conversation, connue sous l'expression « pour appropriation » (« on deep background »), permet qu'une information communiquée à un journaliste par une source soit publiée absolument sans référence à une quelconque source d'information, comme si l'information provenait du journaliste lui-même. On retrouve ce type d'information dans les analyses, les éditoriaux et les commentaires des journalistes qui s'expriment sans même indiquer au public les sources dont ils s'inspirent.

Cette règle d'échange est une traduction de l'expression anglaise « on deep background ». Henry soutient qu'elle oblige le journaliste à publier l'information comme si elle provenait de lui, sans faire référence à une source quelconque. Il ajoute qu'elle a été instituée par Henry Kissinger qui fut conseiller spécial pour la sécurité nationale du président américain Richard Nixon à compter de 1968, et chef du département d'État de 1973 à 1977. Il est reconnu que Kissinger a souvent profité de l'anonymat que lui accordaient les journalistes pour mentir au peuple américain et protéger Nixon pendant le Watergate, scandale qui allait forcer le président à démissionner. Ironiquement, cette déchéance présidentielle résulte d'enquêtes journalistiques basées, elles aussi, sur bon nombre de sources anonymes, dont les affirmations étaient cependant soumises à des recoupements et à des vérifications méticuleuses (Halberstam, 1984).

Mais cette origine est contestable puisque, déjà en 1967, soit avant que Kissinger ne délaisse sa carrière de professeur de sciences politiques pour servir le président Nixon, Archibald décrivait cette règle en lui accolant l'expression « règle de Lindley » (*Lindley Rule*). Cette règle de Lindley devait alors son nom à un journaliste américain du magazine *Newsweek*, Ernest K. Lindley, qui l'a instituée dans les années de la guerre froide. Archibald ajoute que, si un journaliste veut publier une idée émise par un responsable américain, il doit le faire de sa propre initiative et se l'approprier sans faire référence à aucune source, ce qui signifie que le compte rendu ou l'analyse ne doit pas contenir d'euphémismes comme « des sources officielles » ou « un expert du département d'État » (1967-1968 : 21). En accord avec cette définition de la règle d'appropriation, Hulteng (1976) ajoute que c'est elle qui permet aux correspondants en poste à Washington de garnir leurs analyses et commentaires d'informations d'arrière-scène et de prédictions sur les actions gouvernementales à venir.

Ministre de l'Information de Charles de Gaulle, André Peyrefitte raconte qu'il relisait à quatre amis journalistes des comptes rendus de conversations avec le général, « sachant qu'ils en feraient bon usage », et il témoigne que cela a « nourri » leurs analyses et leurs livres (Peyrefitte, 1994a : 24). Le journaliste

De Virieu, pour sa part, relate le cas de l'ex-premier ministre français Michel Rocard qui recevait régulièrement les patrons de presse lors de petits-déjeuners, dans le seul but de « leur permettre de mieux comprendre sa politique ». Rocard expliquait alors ses prises de positions et justifiait « pédagogiquement » ses décisions, ce qui fait dire à De Virieu que Rocard « fai[sait] avec les journalistes ce qu'il se refus[ait] à faire directement avec l'opinion publique » (De Virieu, 1990 : 268).

Ce qui distingue radicalement les règles du « ne me citez pas là-dessus » et du « pour appropriation », c'est que, dans le cas de la première, le public est averti de l'existence d'une source d'information dont il ne connaîtra pas l'identité, alors que dans le second cas l'existence même de cette source est occultée.

La confidence

Tombée du côté du secret, la règle de conversation de la « confidence » (« off the record ») empêche que l'information communiquée par une source soit publiée, à moins que le journaliste puisse la faire confirmer par une autre source. Tout journaliste discute régulièrement avec des sources qui veulent s'exprimer *off the record*. Selon Henry, cette règle interdit au journaliste de publier les informations qui lui ont été communiquées par une source. Ces informations visent uniquement à aider le journaliste à comprendre. Mais on peut déroger à cette règle si les informations en question deviennent publiques d'une quelconque façon, ou si le journaliste parvient à les obtenir autrement (1984 : 52).

Le journaliste qui s'aventure à transgresser cette règle s'expose à de sévères sanctions aussi bien de la part de ses sources d'information que de la part de ses collègues, comme l'a appris André Pratte de *La Presse*. Au printemps 1998, Pratte a publié un livre (*L'énigme Charest*) où il révélait des informations confiées *off the record* par l'ex-premier ministre du Canada, Brian Mulroney. Contrairement à ses déclarations publiques, Mulroney y faisait état du rôle actif qu'il aurait joué dans l'arrivée de Jean Charest à la tête du Parti libéral du Québec. Dans son livre et sur la place publique par la suite, Pratte a justifié sa décision de briser l'entente intervenue entre lui et Mulroney, ce qui révélait la duplicité de l'ex-premier ministre (Bernier, 1998 : 34-36). Mais Pratte a néanmoins dû affronter une critique aussi féroce que quasi unanime de la part de journalistes qui ne lui pardonnaient pas sa conduite (Perreault, 1998 : 8). Pourtant, l'éthique professionnelle admet qu'on puisse déroger à la règle de la confidence lorsque la source anonyme a volontairement induit le journaliste et le public en erreur (Cranberg, 1999 : 9), mais la tradition est de n'en rien faire publiquement. Les journalistes préfèrent régler ces conflits directement avec les sources impliquées, ou attendent une autre occasion de sanctionner cette personne.

Hulteng ajoute que cette règle n'interdit pas au journaliste de communiquer les informations obtenues à ses supérieurs. C'est ainsi que les correspondants à Washington envoient régulièrement des notes de service à leur éditeur ou responsable de l'équipe éditoriale afin de les tenir au courant de ces informations confidentielles. Tôt ou tard, ces informations peuvent faire surface en page éditoriale, prenant l'allure d'observations très pertinentes et éclairées, ou encore elles peuvent être utilisées en guise de phrases juteuses que l'éditeur lancera lors de ses rencontres mondaines (1976 : 85). Il est impossible de savoir si cette pratique a cours au Québec, mais je ne vois pas *a priori* en quoi la nature humaine y serait différente...

Shaw (1984) décrit la confidence comme étant la règle d'échange la plus restrictive. Les déclarations faites alors que cette règle est explicitement convenue entre la source et le journaliste peuvent cependant servir au journaliste afin d'évaluer les informations qu'il obtient d'autres sources, ce qui nous ramène à la fonction de compréhension de l'actualité, associée à cette règle.

Comme on le voit, les règles de conversation entre les journalistes et leurs sources vont du plus limpide au plus opaque, de la déclaration publique au secret.

Continuum des règles de conversation

« Pour publication »	« Ne me citez pas là-dessus »	« Pour appropriation »	« Confidence »
Public ────────────		──────────────►	**Secret**
« On the record »	« Not for attribution » « On background »	« On deep background »	« Off the record »
	source anonyme		

Les motivations des sources anonymes

La présence de sources anonymes soulève certaines interrogations quant à leurs aux motivations. L'unique recherche recensée est celle de Gassaway (1988) qui a interrogé quinze personnes disant avoir communiqué des informations anonymes à des journalistes afin que le public soit informé de faits jugés importants. Parmi ces sources, il y a des avocats, des membres de l'administration gouvernementale, des administrateurs de l'entreprise privée, des pompiers et des élus. L'auteur rapporte que cinq de ses répondants ont déclaré être devenus des sources anonymes simplement parce qu'un journaliste leur en avait fait la demande. Ainsi, leur motivation première avait peu à voir avec de quelconques valeurs morales, ou des objectifs stratégiques précis. À la lumière de cette révélation, on pourrait avancer que *certaines* sources anonymes ont des motivations *gratuites*.

Gassaway fait valoir qu'une autre motivation pour devenir source anonyme serait de venir en aide au journaliste, surtout quand ce dernier démontre à l'avance qu'il est assez bien informé. La source ne ferait alors que confirmer les informations soumises par le journaliste, au lieu de trahir un devoir de réserve. Il y aurait donc là une motivation *altruiste*, puisque la source accepte de venir en aide à autrui, sans amorcer elle-même la diffusion d'informations pouvant servir ou non ses objectifs ou ses intérêts.

On a observé, par ailleurs, une motivation que l'on pourrait qualifier d'*égoïste*. Gassaway rapporte que les sources anonymes qu'il a interrogées ont indiqué retirer de la satisfaction et même parfois un avantage à communiquer des informations aux journalistes. L'auteur est d'avis que le fait de voir ces informations publiées serait gratifiant pour les sources. Constatant cet intérêt des sources, Gassaway estime que les journalistes pourraient faire preuve de plus de persuasion à leur égard afin qu'elles consentent à se laisser identifier totalement. En effet, seulement deux des quinze sources interrogées ont soutenu que les journalistes devaient faire tout ce qu'ils pouvaient pour protéger leur identité, alors que onze ont déclaré qu'elles seraient prêtes à reconsidérer leur demande d'anonymat si un journaliste était pressé par la justice de révéler leur identité.

Aux motivations gratuite, altruiste et égoïste, on peut ajouter les motivations *politiques* et *partisanes* des élus et des membres de leur personnel politique qui ont fait de la *fuite*, ou du *coulage*, un art dans l'exercice duquel ils sont passés maîtres[4]. Ces motivations politiques et partisanes ne sont pas récentes. Aux États-Unis, par exemple, on en retrouve des vestiges qui remontent aux premiers jours de la République (Halloran, 1983 : A-16). Charron rappelle pour sa part que les fuites « sont des armes de combat dans les guerres intestines » et qu'elles servent parfois « à court-circuiter la hiérarchie au sein du gouvernement, à contourner les blocages politiques et les lourdeurs administratives » (1990 : 151-152). Grâce à l'anonymat, on peut confier des informations de diverses natures et tirer profit de leur diffusion dans les médias, sans avoir à en

---

4. À l'opposé de la source anonyme dont on retrouve des énoncés directs ou indirects dans les comptes rendus, les auteurs de fuites ou de coulages fournissent aux journalistes des documents dont l'origine ou l'authenticité sera dévoilée au public, sans toutefois l'informer de l'identité des responsables de la fuite. Nous verrons plus loin que la dimension stratégique de la fuite est similaire à celle de l'énoncé anonyme.

assumer le coût politique si les conséquences sont néfastes, ou risquent de l'être. À partir d'observations et d'entrevues avec des acteurs politiques américains, Kingdon a constaté que la fuite est souvent la réaction des aigris, des perdants de luttes politiques qui cherchent à embarrasser leurs opposants en coulant des documents aux médias qui ne peuvent résister à l'envie de les publier, puisque le conflit a une grande valeur journalistique (1984 : 63-64).

Selon Hess, les sources anonymes auraient six types de motivation :

l'*ego leak*, pour mousser ses propres réalisations ;

le *goodwill leak*, pour se faire du crédit en espérant le retour d'ascenseur du journaliste ;

le *policy leak*, pour faire avancer un dossier en provoquant un déblocage ;

l'*animus leak*, pour nuire à l'adversaire ;

le *trial ballon leak*, pour tester les réactions du public ;

le *whistle blowing*, pour corriger une situation inacceptable ou scandaleuse.

La « danse des fantômes », que les motivations politiques et partisanes animent, n'a pu être empêchée par aucun des récents présidents américains, même si plusieurs astuces ont été imaginées pour lutter contre ces fuites. Le gouvernement américain est même allé jusqu'à causer des problèmes de toutes sortes aux journalistes trop avides des confidences des sources anonymes. Les journalistes ciblés étaient harcelés, ils n'avaient plus le droit d'assister à certaines réunions de mise en contexte (*briefings*), et certains ont même fait l'objet d'enquêtes de la part du FBI (Sigal, 1974 : 45). Avant de devenir président des États-Unis, Herbert Hoover avait été une excellente source d'information pour les journalistes, car il était très accessible, très manipulateur, très prolifique en matière de fuites. Mais quand la situation politique et économique s'est dégradée, au moment de la Dépression, Hoover a rejeté la faute sur les journalistes, est devenu obsédé par tout ce qu'ils écrivaient et en a sanctionné plusieurs. Ainsi, lorsque des journalistes rapportèrent qu'un de ses chiens avait mordu un Marine assurant la sécurité de son camp de pêche, Hoover a ordonné que des enquêtes soient entreprises pour trouver qui était la source de cette information (Halberstam, 1984 : 18).

Furieux que le journal *Le Monde* révèle, grâce à une fuite, la tenue prochaine d'expériences atomiques dans le Sahara, le général de Gaulle condamne « l'irresponsabilité » du prestigieux quotidien, tandis que l'auteur de l'article se voit retirer son accréditation. Le général trouve « incroyable qu'on admette des accrédités qui sont habilités à pêcher des informations dans les services en des domaines aussi sensibles. C'est monstrueux ! » (Peyrefitte, 1994a : 532).

Des fantômes qui préoccupent

Avec les questions de conflits d'intérêts et celle des reportages trompeurs, les sources anonymes sont à l'ordre du jour de plusieurs congrès de professionnels et au menu de bon nombre de programmes d'enseignement du journalisme (Stein, 1985 : 84). Publié en 1947, le rapport de la Commission Hutchins dénonçait déjà la soif de *scoops* des médias et le recours aux sources anonymes (Bates, 1995 : 24). La présence de sources anonymes dans les comptes rendus journalistiques préoccupe le public qui voudrait connaître leur identité, fait cependant valoir David Shaw (1984 : 52), un journaliste du *Los Angeles Times* qui a consacré un long reportage à cette pratique.

Cette préoccupation est moins présente chez les scientifiques : la recherche portant spécifiquement sur les sources anonymes est peu abondante, les chercheurs ont surtout consacré leur attention aux journalistes, rarement aux sources elles-mêmes et, encore moins, au contenu des informations diffusées sous le couvert de l'anonymat, ce que je me propose de faire. Cette question aurait cependant pu gagner en popularité chez les chercheurs dans la foulée de deux événements très médiatisés qui ont marqué le journalisme américain depuis le début des années 1970, et qui ont mis en lumière de façon extrême les avantages et les risques associés aux sources anonymes.

Le premier événement marquant fut le scandale du Watergate. Ce sont deux journalistes du *Washington Post*, Bob Woodward et Carl Bernstein, qui ont révélé cette affaire au public américain grâce notamment aux informations confiées par bon nombre de sources anonymes, dont Deep Throat, la source anonyme qui s'est imposée dans la mythologie journalistique contemporaine. Cet événement sans précédent a contribué à auréoler un genre journalistique particulier, le journalisme d'enquête, et une pratique journalistique précise, le recours aux sources anonymes. Le responsable à Washington du bureau du quotidien *Sacramento Bee*, Ed Salzman, a senti, après le Watergate, que les journalistes étaient attirés par ce qu'il qualifiait de « prétendu journalisme d'enquête », et il a entendu à plusieurs reprises des journalistes proposer l'anonymat à leurs sources afin qu'elles soient plus loquaces (Cunningham, 1983 : 36). Le recours aux sources anonymes semble parfois être devenu une seconde nature chez les journalistes, une « exception » qui en serait de moins en moins une.

Le second événement journalistique en cause est nettement moins glorieux que l'histoire du Watergate. Il s'agit de l'affaire Janet Cooke, une journaliste du *Washington Post* qui a remporté un prix Pulitzer pour son reportage racontant l'enfer d'un gamin âgé de huit ans forcé à consommer de l'héroïne par sa mère et l'amant de cette dernière. Son article percutant était basé exclusivement sur de prétendues sources anonymes. Ce drame a attiré l'attention des autorités policières et des services sociaux qui ont tenté d'identifier le gamin afin de lui venir en aide. Pressée de questions, Cooke a dû avouer qu'elle avait fabriqué son article de toutes pièces. Le prix Pulitzer lui a été retiré en avril 1981. Ce second événement a suscité plusieurs réactions négatives et est devenu prétexte à une avalanche d'articles sur l'éthique des journalistes (Anderson, 1987 : 342).

Le public perçoit également son intérêt à cet égard. Wulfemeyer rapporte les résultats d'un sondage Gallup de 1981 où 83 % des répondants estimaient qu'il est probablement nécessaire que les journalistes aient de temps à autre à accorder l'anonymat à leurs sources d'information (1983 : 44). Il importe de souligner deux choses ici. Premièrement, ce sondage a été réalisé près d'un mois après que le prix Pulitzer eut été retiré à la journaliste Janet Cooke, en avril 1981. L'impact de l'affaire Cooke est difficilement décelable, car il peut tout aussi bien avoir contribué à une opposition aux sources anonymes qu'à une réflexion quant à leur utilité. Deuxièmement, les répondants ne se prononçaient pas en faveur ou non de l'anonymat des sources, mais plutôt sur l'utilité de cette pratique pour les journalistes, ce qui est bien différent.

Selon cinq sondages réalisés de 1981 à 1997, aux États-Unis, la très grande majorité des répondants (avec un taux de 84 % dans un sondage réalisé en 1997) se disent en faveur du journalisme d'enquête lorsqu'il vise à découvrir les cas de corruption et de fraudes en affaires, au sein des gouvernements ou d'autres organisations (Willnat et Weaver, 1998 : 459). Toutefois, quand on leur demandait s'ils étaient en faveur de méthodes d'enquêtes comme l'utilisation de caméras et de microphones cachés, le recours à une fausse identité pour le journaliste ou à l'anonymat pour les sources, ou le paiement des informateurs, les répondants étaient nettement moins favorables. Généralement, la méthode la moins contestée était l'anonymat des sources, bien que les résultats témoignent d'une ambivalence de l'opinion publique sur cette question. D'un sondage à l'autre, l'appui à cette méthode varie de 30 % à 55 %. Willnat et Weaver sont d'avis que les Américains espèrent que les médias prennent au sérieux le rôle de chien de garde des institutions, mais ils souhaitent en même temps que cela se fasse de la façon la plus transparente possible.

Ils ont aussi remarqué que l'appui du public envers le journalisme d'enquête et ses diverses méthodes varie en fonction de l'attitude générale du public à l'endroit des médias, si bien qu'un public plus méfiant à l'égard des journalistes sera plus réticent à accepter de telles méthodes. Les auteurs sont d'avis que cela devrait inciter les journalistes à se montrer prudents dans l'usage qu'ils font de ces techniques d'enquête. J'ai observé une attitude similaire chez les élus de l'Assemblée nationale du Québec, dans le cadre d'une enquête par questionnaire menée à l'hiver 2000, auprès de 45 des 125 députés en poste[5]. Interrogés à ce sujet, 20,5 % des élus sont d'avis que les journalistes de la Tribune de la presse ont trop souvent recours aux sources anonymes, tandis 45,5 % croient qu'ils le font plutôt souvent, et 32 % plutôt rarement. Parmi tous les députés invités à évaluer le travail des courriéristes, on observe que ceux qui posent le jugement le plus sévère en ce qui concerne la rigueur, l'impartialité, la curiosité, l'ouverture à la critique et la responsabilité professionnelle des courriéristes sont également ceux qui sont d'avis qu'ils ont *trop souvent* recours aux sources anonymes. L'opinion défavorable que certains se font du travail des journalistes en matière de recours aux sources anonymes est compatible avec leur évaluation globale ou leur attitude générale critique à l'endroit de ces mêmes journalistes.

Le cas du Canada est très peu documenté en ce qui concerne les sources anonymes dans les comptes rendus journalistiques. On peut tout de même apprendre que, de Macdonald à Pearson, la Tribune de la presse à Ottawa a toujours accepté de se taire lorsque les premiers ministres s'exprimaient « off the record » (Taras, 1990 : 84). Pearson savait qu'il pouvait faire avancer certains points de vue et diverses interprétations d'événements grâce à des « indiscrétions calculées » destinées à certains journalistes (p. 138).

Par ailleurs, pendant les années où Brian Mulroney attendait *patiemment* de devenir le chef du Parti progressiste-conservateur, il était une des sources anonymes privilégiées de certains journalistes et courtisait les plus importants d'entre eux en leur communiquant des informations à propos du parti et de leur chef, Joe Clark (Taras, 1990 : 145), auquel il voulait succéder. Ainsi, il confia à Pierre O'Neil, du journal *Le Devoir*, des renseignements à l'effet que le Parti progressiste-conservateur « croulait sous le poids d'une dette d'un million de dollars et se trouvait en pleine crise alors que ses principaux bailleurs de fonds avaient perdu confiance en Clark », relate Sawatsky (1991 : 364). Il ajoute que cette « indiscrétion contribua à rendre la situation de Clark encore plus précaire ». L'auteur estime que Mulroney a eu la partie facile avec les journalistes montréalais, car leurs relations « se fondaient sur la réciprocité des intérêts », avant que la situation ne se corse quelque peu, car plus « il disait appuyer Clark, plus les médias furent tentés de dévoiler son hypocrisie » (p. 376).

Pour ce qui en est de la politique québécoise, les recherches sont à peu près inexistantes à propos du recours aux sources anonymes. On sait cependant que cette pratique professionnelle est assez répandue, notamment chez les courriéristes parlementaires de l'Assemblée nationale du Québec. À titre d'exemple, le

---

5. Enquête réalisée pour le compte du *Journal de Québec*, alors que j'étais en poste à la Tribune de la presse.

chroniqueur Michel David, du quotidien *Le Soleil*, écrivait que celui qui a long-temps été le principal conseiller du premier ministre Robert Bourassa, Jean-Claude Rivest, a souvent vu les journalistes rapporter ses propos en lui assurant l'anonymat. « Depuis 1985, personne n'a eu autant d'influence que lui sur les choix constitutionnels de M. Bourassa. Durant toutes ces années, quand vous lisiez dans un journal que "selon un proche conseiller du premier ministre…", c'était presque toujours lui » (David, 1993 : A-8).

Cette pratique est aussi sévèrement critiquée. Lors d'un atelier qui s'est tenu dans le cadre du congrès annuel de la Fédération professionnelle des journalistes du Québec, en 1998, l'ex-chef du Parti libéral du Québec et ex-ministre libéral, Claude Ryan, n'a pas caché le mépris qu'il vouait à l'endroit des politiciens qui transgressent la règle du secret ministériel en coulant des informations aux courriéristes parlementaires. Il jugeait aussi durement ces derniers et ajoutait que ceux qui acceptent de diffuser largement des informations anonymes ont droit à bien peu de respect de la part des élus qui les utilisent pourtant !

Plus récemment, le journaliste québécois André Pratte a dénoncé la spirale spéculative des journalistes qui tentent de devancer la concurrence en se rabattant sur des sources anonymes qui leur permettent de diffuser des informations exclusives (2000 : 75, 155-159) La politologue Anne-Marie Gingras se montre très critique au sujet de l'anonymat des sources et considère que cela témoigne de l'ambivalence des journalistes à l'égard du principe de transparence qu'ils revendiquent des autres acteurs sociaux, allant même jusqu'à affirmer que le faux *scoop*, c'est-à-dire l'information exclusive qui se révèle erronée par la suite, « est invariablement accueilli dans l'indifférence générale plutôt que d'être dénoncé comme une mauvaise pratique journalistique » (1999 : 25). Elle affirme que la source anonyme peut contrôler l'information parce qu'elle fait

> mine de transmettre un précieux trésor et instaure un prétendu lien de confiance avec le journaliste qui rapportera l'information telle quelle, sans la vérifier ni la corroborer, et sans trop se préoccuper de l'intérêt de cette source. Il peut s'instaurer des liens de complicité entre cette source anonyme et journaliste, l'une et l'autre retirant un avantage de cette relation (p. 49).

La règle déontologique : citer et identifier les sources

Soulever la problématique des sources anonymes revient à dire implicitement qu'il y a là une pratique non conforme à la règle déontologique, une pratique « déviante » en quelque sorte. Mais quelle est cette règle déontologique et quels en sont les fondements ? La règle prescrit aux journalistes de citer et d'identifier leurs sources d'information. Il y a deux fondements de cette règle dominante et ils renvoient l'un à l'autre.

Un premier fondement est lié à la notion de crédibilité et repose sur la capacité du public de juger de la pertinence et de la compétence des sources d'information s'exprimant dans les comptes rendus journalistiques. Cela implique que le public est informé de l'identité et des particularités des sources d'information des journalistes. Par exemple, le *New York Times* révèle souvent l'affiliation partisane d'une source anonyme, afin de maintenir la crédibilité de son information (Robertson, 1998 : 3).

Le second fondement repose sur une certaine définition de l'objectivité journalistique visant à exclure le journaliste sujet de ses propres comptes rendus pour y mettre en scène des acteurs. Le rôle du journaliste est alors conçu comme celui d'un rapporteur officiel forcé d'identifier les auteurs des déclarations qu'il diffuse et les acteurs des événements qu'il relate. L'évaluation de la crédibilité des sources et l'objectivité journalistique devraient permettre aux citoyens d'atteindre une connaissance des événements de société et des opinions des acteurs sociaux à partir de laquelle ils pourront se former une opinion éclairée et porter des jugements rationnels. On peut dire que ces fondements ont un caractère d'utilité sociale.

Identifier les sources d'information est la règle professionnelle dominante dans presque tous les pays. Ainsi, les codes de déontologie recensés à l'échelle internationale par Cooper et Juusela font invariablement référence au devoir moral des journalistes de protéger la confidentialité des sources à qui ils ont accordé l'anonymat, affirmant implicitement que la règle dominante est de les identifier dans le cours de leurs comptes rendus et de les cacher de façon exceptionnelle. Cette règle professionnelle consiste à identifier nommément la source d'information, mais aussi à la situer dans un contexte social en révélant ses affiliations politiques, sociales, morales ; en somme, en lui apposant une ou plusieurs étiquettes qui serviront de points de repère au public.

Le *Guide de déontologie des journalistes du Québec*, de la Fédération professionnelle des journalistes du Québec, énonce que les journalistes « doivent identifier leurs sources d'information afin de permettre au public d'évaluer le mieux possible la compétence, la crédibilité et les intérêts défendus par les personnes dont ils diffusent les propos » (1996, 16). De l'avis de Lasorsa et Reese, il s'agit d'une pratique fondamentale à laquelle doivent se soumettre les journalistes. Cette identification permet au public à qui s'adressent les comptes rendus journalistiques de s'informer sur l'expertise et les motivations des sources

(1990 : 60-61). Lorsque les lecteurs, les auditeurs et les téléspectateurs évaluent ces sources, ils sont ainsi en mesure de poser un jugement critique quant à leur compétence et à leur crédibilité.

Il faut cependant faire attention à ces énoncés que les enquêtes empiriques contredisent parfois. Si l'identification des sources d'information permet au public de mieux en évaluer la crédibilité, cela ne signifie pas qu'une source anonyme n'est pas crédible aux yeux du public. Les recherches de Adams (1962, 1964), Riffe (1980) et Hale (1984) suggèrent que la crédibilité des sources anonymes est évaluée selon le contexte de la nouvelle, son caractère vraisemblable ou, encore, selon la crédibilité de l'institution (gouvernement, ministères, police, Église, etc.) à laquelle la source anonyme a été associée par le journaliste. Il arrive même que les sources anonymes associées à une institution donnée soient jugées plus crédibles par le public que les sources d'information identifiées de cette même institution. Dans de tels cas, le public estimerait que la source dit la vérité, que cette vérité est importante mais dérangeante pour l'institution à laquelle est associée la source et que, pour protéger cette dernière d'éventuelles représailles, le journaliste lui a assuré l'anonymat.

Néanmoins, une enquête menée au printemps de 1998, auprès du public américain, révèle que le doute persiste quant à l'acceptabilité de cette pratique et à la crédibilité des informations anonymes. On y apprend que 59 % des répondants sont d'accord pour que les journalistes assurent l'anonymat de leurs sources seulement lorsque cela les protège d'un danger, que 30 % sont d'accord pour qu'ils puissent le faire quand ils le veulent, tandis que 8 % croient que cela devrait toujours être interdit. Par ailleurs, 51 % des Américains ne croient qu'environ la moitié des informations anonymes quand une station de télévision locale diffuse des reportages basés sur des sources fantômes, 27 % en croient moins du quart, et seulement 15 % croient presque tout ce qu'ils entendent dans de telles circonstances (Radio-Television News Directors Association, 1998 : 20-21).

Il est par ailleurs assuré que, lorsque l'identité des sources d'information n'est pas dévoilée, le public ne peut juger de leurs compétences, de leurs motivations et de leurs intérêts. Il est condamné aux conjectures. Lasorsa et Reese font valoir le fait qu'identifier les sources permet également à l'observateur extérieur de recenser celles qui ont accès aux journalistes et de comprendre comment elles présentent et font valoir leurs causes (1990 : 61). Finalement, Klaidman et Beauchamp estiment que l'identification aide à connaître ce qui différencie les médias entre eux, à partir des choix qu'ils font dans leur sélection des sources dont les points de vue seront diffusés (1987 : 163). Ces deux auteurs ajoutent qu'en matière de journalisme l'intérêt public doit être la valeur ultime, et non l'intérêt de la source demandant l'anonymat, laissant ainsi entendre que la règle dominante vise justement à servir l'intérêt public. Allant plus loin dans l'argumentation sous-tendant cette règle, Hulteng affirme que dans certains cas l'identification de la source d'information est tellement pertinente et importante qu'elle devient un élément vital de la nouvelle et que le journaliste doit s'y soumettre car, autrement, son reportage sera à la fois incomplet et porteur d'une confusion potentielle pour le public (1976 : 92).

La règle déontologique qui reconnaît au public la capacité de juger de la crédibilité des sources d'information est toutefois loin de s'imposer d'elle-même chez certains journalistes pour lesquels accorder l'anonymat est une pratique profondément intégrée à leur travail. Plusieurs n'hésitent pas à requérir l'anonymat pour eux-mêmes lorsqu'un autre journaliste les questionne dans le but de produire des comptes rendus portant sur les sources anonymes et le journalisme. Pour écrire sa série de reportages, Shaw a rencontré des journalistes affectés à la couverture des activités gouvernementales, à Washington. Il affirme qu'ils accordent l'anonymat à leurs sources de façon routinière (1984 : 63). Pourtant, ces journalistes ont généralement un public intéressé aux comptes rendus politiques, un public qui n'est pas indifférent à la présence de sources anonymes dans ces comptes rendus, comme l'ont observé Culbertson et Somerick (1977 : 67).

Des sources anonymes fréquentes

Il semble que des journalistes aient parfois tendance à prendre l'exception pour la règle dominante, comme l'a laissé entrevoir Shaw, et on verra que cela s'observe aussi à l'Assemblée nationale du Québec. Plusieurs études empiriques effectuées au sujet de la fréquence de ces sources anonymes dans les médias indiquent que le recours aux sources anonymes y est une pratique professionnelle courante. Malheureusement, ces études concernent uniquement les médias américains. La littérature scientifique francophone semble avoir oublié cette problématique. Quant à la recherche empirique sur les pratiques journalistiques au Québec, elle a ignoré cette question jusqu'à ce jour.

Culbertson révélait déjà, en 1978, que les sources anonymes étaient très nombreuses dans les grands quotidiens tels le *New York Times* et le *Washington Post*. L'auteur avait observé qu'elles étaient perceptibles dans près du tiers des articles de ces prestigieux quotidiens et que le *New York Times* en contenait un peu plus que le *Washington Post* (1978 : 457). La présente recherche révèle des résultats similaires lorsqu'il s'agit d'évaluer le poids des sources anonymes dans les comptes rendus des courriéristes parlementaires de l'Assemblée nationale du Québec.

Culbertson, analysant les magazines hebdomadaires *Time* et *Newsweek*, a observé le recours à des sources anonymes dans 70 % des articles du *Newsweek* et dans 75 % de ceux du *Time* (p. 460). Ces deux magazines ont ensuite été comparés par Wulfemeyer qui a noté à son tour la fréquence élevée des sources anonymes qui se retrouvaient dans 77 % des articles échantillonnés du *Time* et dans 85 % de ceux du *Newsweek* (1985 : 83). Il a cependant remarqué que la pratique dominante était d'identifier les sources dans la majorité des cas. Mais certains journalistes abuseraient du recours aux sources anonymes, suggérait-il, en rapportant les cas de 4 comptes rendus qui contenaient 15 citations anonymes ; 3 comptes rendus en avaient 17 ; un reportage en contenait 20 ; et il a même recensé un article d'environ 4 pages qui contenait 42 citations anonymes ! Ces résultats témoignent bien de l'abondance, inquiétante diront certains, des sources anonymes dans les comptes rendus journalistiques des médias écrits.

Pour leur part, Lasorsa et Reese, qui ont comparé les comptes rendus des médias écrits et télévisés relatifs au *krach* boursier d'octobre 1987, estiment que les journalistes de la télévision ont eu plus souvent recours aux sources anonymes que leurs collègues de la presse écrite (1990 : 69). Alors que les médias écrits ayant traité de ce *krach* ont eu peu recours aux sources anonymes, le *CBS Evening News* convoquait des sources fantômes pour près de 40 % des sources citées dans les comptes rendus.

L'omniprésence de sources anonymes dans les reportages télévisés a été de nouveau confirmée par une autre recherche de Wulfemeyer et McFadden, qui observent que près de 55 % des comptes rendus analysés contenaient au moins une telle source fantôme (1986 : 471). Les réseaux CBS et NBC se retrouvaient en tête avec respectivement 59 % et 57 % de leurs comptes rendus qui contenaient au moins une source anonyme, alors que cette proportion chutait à 47 % pour ABC. Ces auteurs ajoutent que la fréquence des sources anonymes à la télévision est environ de 20 % plus élevée que dans les quotidiens, mais de 20 % plus basse que dans les magazines d'information hebdomadaires (p. 473). La télévision se situerait entre des quotidiens comme le *New York Times* ou le *Washington Post* et des hebdomadaires comme le *Time* ou *Newsweek*.

Cette observation contredit une des conclusions antérieures du même Wulfemeyer qui estimait que les journalistes des quotidiens avaient plus souvent recours aux sources anonymes que leurs collègues de la télévision (1983 : 49). Il attribuait ce phénomène au fait que les quotidiens publient plus de nouvelles que les bulletins télévisés, et que ces nouvelles sont obtenues au terme d'une recherche plus complète. Ce faisant, les journalistes des quotidiens pourraient communiquer avec un plus grand nombre de sources d'information et accorde-raient plus souvent l'anonymat que ne le font leurs collègues de la télévision. Il est probable que l'erreur de Wulfemeyer a été d'établir une équation simple, selon laquelle le nombre total de sources d'information contactées influe sur le nombre de sources anonymes se retrouvant dans les comptes rendus du journa-liste. On peut pourtant prétendre le contraire et avancer que, règle générale, plus le nombre de sources d'informations interrogées par un journaliste sera élevé, moins on trouvera de sources anonymes dans son reportage. Il est raison-nable de croire que le nombre de sources d'informations interrogées diminue d'autant la dépendance d'un journaliste à l'égard de sources d'informations pré-férant demeurer anonymes. Il a ainsi plus de probabilités de dénicher au moins une source d'information qui acceptera d'être citée et identifiée clairement.

Seule étude recensée portant sur la fréquence des sources anonymes dans les comptes rendus journalistiques radiodiffusés, celle de Burriss qui révèle qu'en moyenne plus de 42 % des reportages analysés reposaient uniquement sur des sources anonymes, les écarts pouvant aller de 28 % à 53 % (1988 : 692). Cette étude suggère que le recours aux sources anonymes n'y est pas exceptionnel. Il faudrait qu'elle soit répétée et que les résultats obtenus confir-ment ceux de Burriss avant de permettre aux chercheurs d'affirmer que l'excep-tion qui consiste à avoir recours aux sources anonymes tend à devenir la pratique dominante.

Il est possible que le recours aux sources anonymes ait connu un âge d'or pendant les années qui ont suivi la révélation du scandale du Watergate. Depuis l'affaire Janet Cooke, les journalistes auraient été plus hésitants à recourir à ces sources fantômes. C'est ce qui ressortait du moins de l'étude de St. Dizier qui a observé que les journalistes avaient moins recours aux sources anonymes en 1984, quelques années après l'affaire Janet Cooke, qu'en 1974, alors que le Watergate battait son plein (1984 : 46). Mais l'affaire Clinton–Lewinsky aura de quoi faire réfléchir.

L'omniprésence des sources anonymes dans les médias en inquiète plusieurs qui y voient une menace, sinon une atteinte à la crédibilité des journalistes. Par exemple, 81 % des 203 membres de l'American Society of Neswpaper Editors (ASNE) ayant répondu à un questionnaire ont le sentiment que les sources anony-mes sont généralement moins crédibles que les sources identifiées (Culbertson, 1980 : 402). Autre indice de la méfiance à l'égard de ces sources fantômes : 75 % des journalistes interrogés par Anderson déclarent que les médias abusent de ces sources (1982 : 364). Foreman rapporte pour sa part que plusieurs jour-nalistes croient que le recours fréquent aux sources fantômes est cause de suspi-cion et de doute à l'égard de leur profession (1984 : 20). Certains magazines américains exigent de leurs journalistes qu'ils dévoilent à leur supérieur l'identité des sources auxquelles ils accordent l'anonymat, afin de permettre une vérification avec celles-ci, question de s'assurer de leur existence véritable, et les responsables de *Vanity Fair* se vantent de refuser la publication d'énoncés provenant de sources dont ils sont incapables de déterminer l'identité (Sheppard, 1998 : 12).

Pour une importante étude consacrée à la recherche des causes du déclin de la confiance du public à l'endroit des médias d'information, l'ASNE a commandité, en 1998, un sondage approfondi qui a révélé que 77 % des Américains mettaient en doute la crédibilité des reportages contenant des sources anonymes (ASNE, 1998). Il faut dire que cette enquête s'est déroulée dans la foulée de l'affaire Clinton–Lewinsky, mais elle n'en révèle pas moins le malaise que cette pratique suscite quand le public en prend conscience. Dans ce sondage, 45 % des répondants étaient d'avis que les médias ne devaient pas diffuser des informations attribuées uniquement à des sources anonymes, alors que 28 % étaient d'avis contraire et que 23 % se disaient non intéressés par cette question.

On le sait, la critique a été cinglante à l'égard de cette pratique journalistique dans le cadre du scandale impliquant le président américain Bill Clinton et la stagiaire de la Maison-Blanche, Monica Lewinsky, révélé au public en janvier 1998. Le mois suivant, une recherche menée sur la production médiatique pendant la première semaine de l'affaire Clinton–Lewinsky a démontré qu'une large proportion des affirmations rapportées par les journalistes provenait de sources anonymes. Dans les grands quotidiens analysés par l'équipe du Princeton Survey Research Associates (*New York Times, Washington Post, Los Angeles Times, Washington Times*), 38 % des énoncés étaient anonymes, alors que 36 % étaient associés à des sources identifiées. Dans les magazines analysés (*Time, Newsweek*), la proportion des énoncés anonymes s'élevait à 14 % contre 23 % d'énoncés de sources identifiées, le reste provenant de références à d'autres médias ainsi que de l'analyse et des spéculations journalistiques. Pour les principaux réseaux de télévision (CNN, ABC, CBS, NBC) la proportion d'énoncés anonymes variait de 7 % à 26 %, selon l'heure (matin ou soir) et le jour (semaine, fin de semaine) de diffusion d'émissions d'information et d'affaires publiques. Ce sont surtout les émissions d'information du matin et de la soirée qui ont eu recours à des sources anonymes (Committee of Concerned Journalists, 1998). Si on peut affirmer que les normes professionnelles ont été les premières victimes de l'affaire Clinton–Lewinsky (Ricchardi, 1998 : 2), avec son lot de rumeurs, d'insinuations et de faussetés, le vice-président du bureau de CNN à Washington, Frank Sesno, estime néanmoins que le bon côté de l'affaire aura été de resserrer les critères de sélection des informations puisées aux autres médias, afin de ne pas diffuser à répétition les mêmes faussetés ou demi-vérités (Robertson, 1998 : 2).

Nous verrons plus loin que les moments d'activité politique intense encouragent le recours aux sources fantômes chez certains courriéristes parlementaires, afin de se démarquer de la concurrence.

FANTÔMES DE L'OMBRE
ET DE LA LUMIÈRE

LE RECOURS aux sources anonymes dans les comptes rendus journalistiques est l'objet tantôt de critiques radicales, tantôt de discours visant sa justification. Ces critiques proviennent de tous les horizons et mettent souvent en doute l'intégrité des journalistes qui adoptent cette tactique le plus souvent contraire à la déontologie. Les observateurs, les journalistes, les auteurs ou les citoyens qui adhèrent au modèle normatif de l'adversité[1] estiment, par exemple, que les journalistes se font les complices de la rhétorique des dirigeants politiques, en leur accordant l'anonymat au lieu de les forcer à s'exprimer publiquement et à justifier leurs décisions auprès des citoyens.

Le recours aux sources anonymes soulève aussi des réactions en fonction des secteurs d'information où on les retrouve (sports, littérature, faits divers, politique, économie, etc.). Mais leur présence pose généralement problème quand il s'agit de comptes rendus relatifs à la vie politique, aux affaires gouvernementales et aux élus. Povich a remarqué que les journalistes américains couvrant les activités du Congrès ont la plupart du temps recours à des sources anonymes, ce qui n'est pas sans exaspérer les porte-parole officiels, même si ceux-ci agissent fréquemment, à leur tour, à titre de sources anonymes (1996 : 57). Pour sa part, l'ex-premier ministre du Canada, Brian Mulroney, a déjà mis ses collègues en garde contre les journalistes, en disant qu'il « n'y a rien de pire que des journalistes qui vont dire des choses négatives ou cruelles au sujet

---

1. Un modèle est dit normatif quand il prend appui sur ce que *devrait* être la réalité, en se fondant implicitement ou explicitement sur des normes de conduite des acteurs. L'analyse stratégique cherche plutôt à comprendre et à expliquer la rationalité des acteurs.

d'autres personnes en citant des sources anonymes. Soyez prudents » (Lisée, 1994 : 334). Whitt rapporte que l'ex-président des États-Unis, George Bush, a déjà insisté pour que les journalistes dévoilent l'identité de leurs sources, question de savoir qui méritait ses représailles (1996 : 2).

Plus récemment, cette pratique a déclenché de nombreux et virulents débats politico-médiatiques aux États-Unis, à propos de deux événements distincts concernant le président Bill Clinton. Le 16 décembre 1997, le président Clinton a tenu une longue conférence de presse, diffusée en direct sur certains réseaux de télévision. Un des journalistes présents, John Donvan (ABC News), a voulu le questionner concernant des rencontres portant sur les questions raciales aux États-Unis, une initiative de Clinton. Le journaliste a demandé au président de commenter des propos anonymes de certains de ses adjoints qui faisaient valoir que ces rencontres étaient chaotiques et confuses. Clinton a immédiatement répliqué au journaliste qu'il pouvait avoir son opinion, mais que les informations qu'il avait étaient différentes. Au journaliste qui insistait pour dire qu'il avait entendu ces remarques dans l'entourage du président, Clinton a demandé, de façon plus catégorique, de qui il s'agissait, en ajoutant avec vigueur que ces affirmations anonymes sèment la confusion chez les Américains. Après avoir rapporté cet échange, l'ombudsman du *Washington Post*, Geneva Overholser, faisait remarquer qu'il y avait tellement de gens qui critiquaient publiquement cette initiative que Donvan aurait dû en nommer quelques-uns et elle insistait sur l'absence d'imputabilité dont jouissaient les sources anonymes (Overholser, 1997 : C6).

L'autre événement a été le « scandale » impliquant Monica Lewinsky, stagiaire à la Maison-Blanche qui a eu des relations sexuelles avec le président Clinton, qui aurait menti à la justice à la demande du président et de son avocat, selon les allégations du moment. Cet épisode a une fois de plus donné lieu, dans un premier temps, à la diffusion d'une foule de rumeurs et d'informations provenant de sources anonymes, aussi bien dans les médias écrits et électroniques traditionnels que sur les sites Internet. Dans un second temps est venue la critique des médias dans cette affaire, et l'usage de sources anonymes a une fois de plus été particulièrement ciblé. On a notamment observé que plusieurs médias avaient rapporté des informations anonymes sans fournir au public des indications quant aux motivations des sources (Vorman, 1998 ; Committe of Concerned Journalists, 1998).

De son côté, l'ombudsman Geneva Overholser revenait à la charge, en février 1998. Dans un premier article, elle estimait que plus les médias approfondissaient le « scandale » Lewinsky, plus la question des sources anonymes devenait inquiétante. Elle ajoutait que les lecteurs du *Washington Post* remettaient en question l'usage fréquent de sources anonymes de la part des journalistes qui, souvent, ne donnaient aucune information quant aux motivations politiques, personnelles ou autres de ces sources (1998a). Une semaine plus tard, Overholser rapportait les commentaires de lecteurs qui s'inquiétaient de ce phénomène et de la manipulation de l'opinion publique qu'ils y percevaient (1998b). Le 24 janvier 1998, le réseau d'information continue CNN consacrait une édition spéciale d'une heure, dans le cadre de son émission hebdomadaire *Reliable Sources*, à l'analyse du comportement des médias américains dans cette affaire, permettant l'expression de points de vue critiques au sujet de la présence abondante de sources anonymes dans les comptes rendus concernant l'affaire Lewinsky. Le 30 septembre 1998, la même question était débattue lors de l'émission *The News Hour*, du réseau américain PBS, et on pouvait déjà y affirmer que certaines des informations anonymes diffusées pendant toute l'affaire s'étaient avérées fondées par la suite.

Mais la véracité des informations anonymes est généralement absente, comme ce fut le cas lorsque des sources anonymes ont prétendu que le président Clinton avait perdu la maîtrise de ses émotions lors de son témoignage à huis-clos devant un grand jury. Plus tard la diffusion intégrale de ce témoignage, capté sur vidéo, a confirmé la fausseté de ces informations anonymes.

Lee et Solomon ont dénoncé l'insouciance des journalistes, pendant le règne de Ronald Reagan, en matière de politique extérieure. Alors que des informations avaient commencé à filtrer à propos de l'Irangate, aucun des journalistes n'a profité de deux conférences de presse sur ce sujet pour questionner le président à propos des indices voulant que la Maison-Blanche et le colonel Oliver North aient violé les lois du pays pour venir en aide aux Contras. Les auteurs émettent l'hypothèse que cette retenue de la part des journalistes était reliée au fait que plusieurs journalistes avaient recours à North comme source anonyme sur des sujets dits de « sécurité nationale » et qu'ils ne voulaient pas brûler leur source. Il a fallu que l'Irangate éclate vraiment pour que les grands médias américains (*Time, Newsweek, New York Times*, etc.) admettent leurs relations avec North (Lee et Solomon, 1990 : 152). Selon ces auteurs, c'est dans cet esprit qu'il faudrait également décoder, voire suspecter, des expressions comme « des analystes américains », des « diplomates occidentaux » qui seraient des formules trompeuses permettant à des responsables américains et à leur alliés d'exprimer leurs opinions tout en occultant l'identité et les motifs réels des sources face au public, ce qui serait contraire à l'un des postulats du modèle de l'adversité qui privilégie la transparence de la gouverne politique comme moyen de servir l'intérêt public et celui de la démocratie.

Ce procédé a été dénoncé également par le journaliste pigiste Frank Smyth (1993) qui vit au Salvador depuis 1987. Il s'en prend à la crédulité des journalistes américains qui accordent l'anonymat à leurs sources travaillant pour différentes ambassades américaines et occidentales comme si celles-ci étaient neutres, et empêchent du même coup le public d'évaluer la crédibilité et les intérêts des sources. Selon lui, le cas du Salvador indique clairement que cette crédulité permet la publication d'informations orientées, quoique stratégiquement rentables pour les États-Unis. Il ajoute que les journalistes américains ont souvent accès à de telles informations provenant des ambassades américaines. Les employeurs des journalistes en poste au Salvador exigent moins de vérifications des informations obtenues des ambassades des États-Unis qu'ils n'en exigent pour d'autres sources. Ils présument que les autres ont des intérêts politiques de s'exprimer, mais pas les représentants américains à l'étranger. Smyth croit que les mêmes critères devraient être appliqués à toutes les sources d'information.

La *connivence* des journalistes du *lobby* britannique avec les élus a été analysée attentivement par trois auteurs qui ont écrit un ouvrage des plus éclairants à ce sujet, un livre qui parle de la *gestion* de l'information par le gouvernement britannique : comment elle est supprimée, disséminée, et comment on parviendrait ainsi à manipuler les journalistes. Il s'agit d'un des très rares ouvrages où on insiste principalement sur le recours aux sources anonymes politiques comme instrument de propagande et de désinformation. Cockerell, Hennesy et Walker ont même comparé des comptes rendus journalistiques avec des documents officiels pour constater que les porte-parole de différents premiers ministres britanniques ont caché la vérité et ont fait diffuser des mensonges en jouissant de l'anonymat. Ce travail a été mené pour trois études de cas historiques portant sur la fabrication de la bombe atomique, les restrictions relatives à l'immigration et la dévaluation de la livre sterling en 1949. Les auteurs y montrent comment les affirmations anonymes étaient contraires à la vérité dans plusieurs cas. La guerre des Falklands a aussi été analysée, et les auteurs montrent à nouveau comment l'anonymat accordé aux sources politiques, parfois même à la première ministre Margaret Thatcher, a permis de tromper la population à propos de questions qui ne mettaient aucunement en jeu la sécurité nationale, mais servaient plutôt bien les intérêts politiques et partisans du gouvernement conservateur.

Selon Cockerell, Hennesy et Walker, il arrive parfois que des informations communiquées sous le couvert de l'anonymat soient démenties publiquement, en Chambre, par les mêmes qui les ont soutenues lors de *briefings* (1984 : 166). Les auteurs affirment que les courriéristes parlementaires du *lobby* sont les premiers à vouloir entretenir la mystique des sources anonymes et craignent que leurs pratiques soient l'objet de reportages, c'est-à-dire qu'elles soient rendues publiques.

L'ouvrage de Cockerell, Hennesy et Walker a un style journalistique dominant et ne laisse aucune place à l'analyse théorique de cette pratique professionnelle que les auteurs condamnent, tout en reconnaissant qu'elle puisse avoir certains avantages qu'ils ne précisent pas. Mais en se penchant principalement sur ce thème, les auteurs confirment *de facto* l'importance qu'il faut accorder à l'analyse de cette pratique, à la mise à jour de ses conséquences politiques et à l'étude de ses aspects stratégiques. Ils démontrent que cette pratique peut conduire à des excès propices à miner la qualité de la vie démocratique quand elle permet aux élus d'échapper au principe de l'imputabilité. Il y aurait ainsi des fantômes de l'ombre, qui ne favorisent nullement la transparence et trompent le public.

Les auteurs soutiennent que la facilité qu'ont les sources politiques britanniques à s'exprimer sous le couvert de l'anonymat et la crédulité des journalistes font du *lobby* « l'instrument le plus utile de gestion politique de l'information » (1984 : 33), et ils plaident pour l'abolition de ce système (p. 234). Cet appel a peut-être été entendu, car deux journaux britanniques prestigieux, le *Guardian* et *The Independent* se sont désolidarisés du système de *lobby* « au nom de l'indépendance de la presse », rapporte Hargrove (1992 : 57), mais il semble que cette bonne intention ait fait long feu.

Si les exemples décrits plus haut sont éloquents quant aux risques reliés au recours aux sources anonymes, de nombreux contre-exemples de sources anonymes existent qui ont déplu souverainement aux détenteurs de pouvoirs politiques, comme l'encourage le modèle de l'adversité. Ce fut le cas en 1930, lorsque le journaliste Paul Mallon a dévoilé que des sénateurs américains avaient secrètement voté de manière à se retrouver en contradiction flagrante avec leurs déclarations publiques, dans le cas de la nomination d'un juge. Mallon a été assigné et questionné par un comité du Sénat, mais il n'a jamais révélé ses sources (Rivers, 1970 : 26-27). Frustré par le nombre de fuites publiées, le président américain Hoover a déjà rencontré des responsables de journaux pour faire part de son mécontentement à propos de leurs correspondants, ce qui a causé le transfert ou le congédiement de plusieurs journalistes (p. 27). De plus, les journalistes ont souvent été victimes de sanctions de la part des élus parce qu'ils avaient publié des informations dérangeantes grâce à des sources dont ils ont préservé l'anonymat, quitte à passer un court séjour en prison. Mais les tentatives visant à empêcher les fuites et les sources anonymes ont généralement eu peu de succès, selon Seymour-Ure (1982 : 119), qui estime que ces tentatives dénotent une crainte de perdre le contrôle des flux de communication, surtout en ce qui concerne la présidence américaine (p. 84).

Dans son ouvrage historique magistral, qui expose notamment les accointances entre les grands médias et les politiciens américains depuis le début du XXᵉ siècle, Halberstam raconte l'obligation qu'il y avait à recourir aux sources anonymes pendant la guerre du Viêt-nam, car c'était la seule façon d'obtenir de l'information véridique sur les déboires des militaires américains, alors que les officiers et généraux multipliaient les déclarations publiques triomphalistes qui trompaient le public et la majorité des journalistes. Il ajoute que l'armée et la CIA ont presque sans cesse mené des enquêtes afin d'identifier les fantômes de la lumière qui alimentaient les journalistes en poste au Viêt-nam (1984 : 622-628). C'est le même Halberstam qui raconte comment le président Lyndon Johnson a pu mentir, en profitant de l'anonymat et de la complicité des hautes autorités du magazine *Time*, et nier l'envoi de nouvelles troupes au Viêt-nam, alors que c'était exactement le cas (p. 662-663).

Quelques écoles de pensée

Plusieurs auteurs s'entendent maintenant pour affirmer que la politique contemporaine est intimement liée aux médias d'information, si bien que la vie politique ne peut fonctionner sans les discours publics que les médias reflètent et influencent à la fois (Desbarats, 1990 : 25). Dans la même veine, Blumler et Gurevitch signalent que le rôle des médias a nettement évolué depuis 30 ans, passant du rôle de témoins extérieurs de la politique à celui de participants actifs au processus politique (1995 : 3).

Nul doute que la question de l'anonymat des sources d'information relève bel et bien du champ de la communication politique, et que cette pratique devient une stratégie fondamentale si on adhère à la conception de la communication politique et du discours de Poirmeur pour qui :

> [...] le discours, qu'il soit d'ordre, de rappel à l'ordre, de légitimation ou de mobilisation est donc au cœur de l'exercice du pouvoir ; et la communication politique — dont les modalités sont conditionnées par les technologies disponibles et par les formes instituées d'expression politique à un moment donné — en justifiant les décisions prises et les politiques engagées, en suscitant l'adhésion aux institutions et aux hommes qui les dirigent, prend rang parmi les techniques les plus classiques destinées à obtenir l'obéissance et à réguler la vie sociale (1991 : 115).

La communication politique n'est pas neutre, elle cherche essentiellement à légitimer le pouvoir et ceux qui en ont la charge, ou désirent l'avoir. C'est ce qu'exprime Rangeon quand il écrit que « la légitimité est une croyance partagée :

est légitime le pouvoir qui communique avec succès les raisons de le croire tel » (1991 : 100). On peut ajouter que la communication politique sert également à la critique du pouvoir, de ceux qui l'exercent ou souhaitent l'exercer.

L'évaluation normative ou « morale » du recours aux sources anonymes, la distinction entre fantômes de l'ombre et fantômes de la lumière en quelque sorte, varie selon les écoles de pensée ou paradigmes. J'évoquerai rapidement ici un premier paradigme, soit le courant néo-conservateur — américain et le plus souvent républicain —, en vertu duquel les grands médias et leurs journalistes seraient des institutions « libérales », expression à connotation péjorative pour les néo-conservateurs qui accusent ni plus ni moins de gauchisme ces institutions et ces individus. Selon ces néo-conservateurs, les médias ne sont plus entre les mains de leurs propriétaires, ils seraient plutôt contrôlés par une « nouvelle classe » de libéraux insatisfaits et anticapitalistes (Exoo, 1994 : xv).

Cette critique provenant de la droite s'applique aussi bien aux médias d'information qu'aux médias qui se consacrent aux productions télévisuelles et cinématographiques, ainsi qu'à la publicité et au divertissement en général. Les néo-conservateurs s'insurgent contre les esprits libéraux qui mineraient les valeurs américaines et ébranleraient la foi du peuple en ces institutions. Il est difficile, pour l'instant, de trouver des auteurs néo-conservateurs qui ont développé une analyse du recours aux sources anonymes, mais on peut penser qu'une telle analyse insisterait sur le fait que les journalistes libéraux, partiaux par définition, fait remarquer S. Robert Lichter (1996 : 26), accordent l'anonymat par complaisance, par manque de rigueur ou à cause de motifs idéologiques, puisque ce sont des thèmes récurrents dans les publications de cette famille idéologique (*Forbes Media Critic*, *Center for Media and Public Affairs*, *Fraser Institute*, etc.). Lorsque les informations obtenues de sources anonymes ébranlent les pouvoirs en place, comme ce fut le cas pour la guerre du Viêt-nam et le Watergate, on peut s'attendre à ce que les conservateurs imputent des motivations idéologiques aux journalistes, comme l'a observé Halberstam.

En ce qui a trait au paradigme critique, il décèle principalement dans le recours aux sources anonymes un asservissement des journalistes qui seraient plus ou moins volontairement *complices* de la manipulation du pouvoir politique, ce qui impliquerait également la manipulation de l'opinion publique. Dans cette optique, on dénonce souvent les journalistes comme étant des collaborateurs, voire des promoteurs, du pouvoir politique en place (Exoo, 1994 ; Herman et Chomsky, 1988 ; Imbert, 1989 ; Keeble, 1998). Du point de vue critique, la liberté des journalistes est circonscrite à l'intérieur d'un consensus et à des normes sociales dominantes qu'il ne faut pas remettre en question ou attaquer au nom de valeurs et normes différentes qui menaceraient l'ordre existant.

Par exemple, Herman et Chomsky (1988) soutiennent de façon fort documentée le point de vue voulant que les médias manifestent une volonté institutionnalisée en raison des *a priori* idéologiques de leurs propriétaires et de ceux que ces derniers choisissent pour diriger les entreprises de presse, ainsi que des journalistes que les dirigeants préfèrent embaucher. En partageant les prénotions des élites dont ils doivent être en principe les chiens de garde, les journalistes seraient peu critiques en réalité. Exoo (1994) fait une démonstration similaire en ce qui concerne le journalisme, la publicité, la télévision et le cinéma américains.

Un point de vue inspiré de l'approche critique, relativement à l'usage des sources anonymes dans le contexte de l'affaire Clinton–Lewinsky, a été formulé par la doyenne de l'Annenberg School of Communication, Kathleen Hall Jamieson, lors de l'émission *Reliable Sources*, le 24 janvier 1998. Commentant le nombre élevé d'affirmations et d'allégations de sources anonymes, Jamieson a mis en doute leur pluralité ou diversité réelle, en faisant valoir que les médias ont pu laisser croire qu'il y avait de nombreuses sources anonymes différentes, alors qu'il s'était peut-être agi du même groupe d'individus, avec les mêmes intentions. Elle estime que ce n'est pas ainsi qu'on peut en arriver à confirmer une information. Par ailleurs, elle ajoute que les médias se sont empressés de construire un récit cohérent, mais orienté, à partir d'une seule interprétation, soit la présomption de culpabilité dans un système qui est pourtant basé sur la présomption d'innocence. Elle s'en est finalement pris aux journalistes qui se sont moqués de l'hebdomadaire *Newsweek*, qui voulait vérifier davantage certaines informations avant de les publier, et qui a été devancé par ses concurrents. Selon Jamieson, les journalistes auraient plutôt dû se réjouir et saluer le fait que quelqu'un ait exercé un jugement éditorial responsable.

D'autres auteurs favorisent une critique dite « interne » ; c'est-à-dire qu'ils analysent les comportements des journalistes et de leurs sources d'information en rapport avec les normes officielles des systèmes étudiés (Bernier, 1995 ; Desbarats, 1990), afin de mettre au jour les écarts existant entre les finalités prescrites et les résultats. On peut dire, comme Ansart, que la critique interne prend « largement appui sur l'analyse des "effets pervers" ou "contre-intuitifs". Il s'agira d'examiner comment et pourquoi les systèmes d'action mis en place pour atteindre certaines finalités présentent des effets qui freinent la réalisation des objectifs proclamés, en limitent les résultats, ou imposent des coûts prohibitifs » (1990 : 280).

Au sein du paradigme pluraliste, on retrouve des auteurs qui sont nettement favorables au recours aux sources anonymes chez les journalistes, bien qu'à certaines conditions, et d'autres qui y sont radicalement opposés. Chez certains auteurs foncièrement opposés à cette pratique, les risques de désinformation et de manipulation de l'opinion publique par les fantômes de l'ombre constituent une préoccupation considérable qu'on retrouve au cœur de leur argumentation. Dans cette perspective, on reproche aux journalistes de se faire complices des « ballons » que lancent les gouvernements dans le but de tester l'opinion publique (Stein, 1985 : 98). On les accuse même de collaborer aux opérations de manipulation de cette opinion. Erickson et Fleuriet (1991 : 279) soutiennent que l'anonymat des sources politiques doit être considéré comme une forme de rhétorique du discours politique, l'effet recherché étant de susciter l'adhésion du public à l'égard du président des États-Unis et de son administration. Ainsi, Robert Cutler, qui fut assistant du président Eisenhower, a déjà relaté comment le chroniqueur John Aslop était allé le rencontrer au début de son mandat pour lui proposer d'être son confident, en lui assurant l'anonymat, afin de « former » l'opinion publique. Pour Aslop cela aurait eu le double avantage de faire de lui un prestigieux chroniqueur tout en servant de lien entre le président et le public (Sigal, 1974 : 43).

D'autres font également valoir que le recours aux sources anonymes constitue surtout une pratique économiquement rentable pour les entreprises de presse parce qu'il évite parfois de longues journées de labeur dans le but de trouver une source acceptant d'être identifiée (Johnston, 1987 : 58). Relativement à ce dernier point de vue, je chercherai à déterminer si les comptes rendus avec des sources anonymes comportent moins d'énoncés identifiés que les comptes rendus où toutes les sources sont toutes identifiées, ce qui pourrait confirmer l'affirmation de Johnston.

Des opposants soutiennent également que l'anonymat est un facteur de confusion pour le public qui ne peut pas évaluer la crédibilité des sources (Erickson et Fleuriet, 1991 : 281 ; Lough, 1997 : 2 ; Halloran, 1984 : A16 ; Hulteng, 1981 : 65). De plus, cela compliquerait pour d'autres journalistes la vérification des informations diffusées par l'un d'entre eux (Boeyink, 1990 : 235 ; Ouston, 1991 : 15), cela entraverait le cours normal de la justice, pourrait encourager des attaques excessives à l'endroit de personnalités politiques (Strentz, 1978 : 68 ; Shaw, 1984 : 57 ; Foreman, 1984 : 21 ; Johnston, 1987 : 54), cela inciterait les journalistes à participer aux secrets des gouvernements au lieu de les révéler (Erickson et Fleuriet, 1991 : 282) et, finalement, cela constituerait une menace à la sécurité nationale (Hosenball, 1987 : 24). À la base de ces critiques du recours aux sources anonymes, on soupçonne la présence de convictions qui, pour la plupart, ne sont pas étrangères au modèle normatif de l'adversité.

Le paradigme pluraliste y voit surtout un phénomène d'échanges libres dans un système de relations impliquant les journalistes et leurs sources d'information[2]. De façon générale, comme l'écrit Lemieux, « l'agent politique "manipule" les messages et les canaux. Ils sont pour lui des ressources du pouvoir, dont l'utilisation est commandée par ses préférences et sa stratégie » (1970 : 360). Le fait que Lemieux place entre guillemets le mot manipule est révélateur de la connotation que prend ce mot dans l'approche libérale pluraliste. En effet, la « manipulation » est ici comprise comme l'une des règles du jeu de la communication politique, règle librement consentie par les journalistes. C'est dans cet esprit que le Conseil de presse du Québec aborde la question, car il considère que l'usage de sources anonymes relève de la discrétion de la rédaction et qu'il s'agit d'un élément associé à la liberté de la presse. Dans l'une de ses décisions, le Conseil fait valoir que le recours aux sources anonymes est une pratique « courante et nécessaire puisqu'elle permet (aux journalistes) de mieux renseigner le public ». Il ne faut donc pas s'étonner que près de 92 % des plaintes adressées à ce sujet soient rejetées par le Conseil (Deschênes, 1996 : 42).

Les auteurs pluralistes croient généralement que les journalistes et les élus sont notamment, mais pas exclusivement, des concurrents, les premiers étant en quelque sorte les « chiens de garde » des seconds. Mais il est tout à fait possible que les journalistes, les élus ou les autorités publiques coopèrent pour atteindre des objectifs parfois similaires, parfois différents mais compatibles.

Ainsi, le recours aux sources anonymes servirait mieux l'intérêt public et la démocratie, en permettant une meilleure circulation de l'information, tout en assurant une protection aux sources d'information pouvant être victimes de représailles. Selon l'enquête internationale menée par l'Association des journalistes belges, sur la protection des sources d'information, pour le compte de l'Unesco et au nom de la Fédération internationale des journalistes,

> les sources d'information autres qu'officielles risquent, par crainte de représailles, de se tarir si elles ne sont pas assurées de l'anonymat. Or, s'ils ne disposaient plus que des informations officielles, les journalistes se verraient réduits au rôle de porte-parole, une conception de la liberté de presse qui n'aurait pas grand chose à voir avec le droit du public à l'information (Wilhelm, 1991 : 21).

On y ajoute que cette pratique est inhérente au principe de la libre circulation de l'information dont le libre accès à « toutes les sources d'information » est une des conditions. De son côté, Wirth (1995) a constaté que le journalisme

---

2. Une théorie de type échangiste représentative est inspirée des travaux d'Omans, lequel soutient que les mécanismes d'interaction sociale sont analogues à ceux de l'échange économique. Cette conception échangiste des relations entre les journalistes et leurs sources, associée aux stratégies que les acteurs se donnent pour atteindre des résultats satisfaisants, sera abordée plus loin.

d'enquête se portait mieux dans les États américains qui accordent une protection légale au secret des sources d'information des journalistes (*shield laws*). Son étude révèle aussi que les responsables de salles de rédaction des États protégés déclarent avoir remporté plus de prix de journalisme d'enquête que ceux des États n'accordant pas légalement la protection des sources journalistiques.

D'autres arguments sont également mis de l'avant par ceux qui appuient cette pratique. Certains affirment que les sources anonymes permettent la production de reportages plus précis et rigoureux (Archibald, 1967-1968 : 22), favorisent la rentabilité des entreprises de presse et la concurrence entre les journalistes qui valorisent les exclusivités (Erickson et Fleuriet, 1991 : 285 ; Archibald, 1967-1968 : 18 ; Halloran, 1984 : A16), en plus d'être compatibles avec la liberté de presse et la circulation de l'information d'intérêt public (Archibald, 1967-1968 : 23 ; Dufour, 1990 : 29 ; Overbeck, 1989 : 351 ; Strentz, 1978 : 64 ; Sigal, 1974 : 195 ; Shaw, 1984 : 62 ; Culbertson et Somerick, 1977 : 63). À défaut de pouvoir vérifier la validité de tous ces arguments, je compte vérifier si le recours aux sources anonymes permet aux courriéristes parlementaires de la presse écrite de produire davantage de *scoops*, soit des reportages dont ils ont l'exclusivité et qui révèlent des faits inédits qui n'auraient vraisemblablement pas été rendus publics autrement.

Je m'intéresse principalement aux aspects stratégiques du recours aux sources anonymes chez certains courriéristes parlementaires qui transigent avec leurs sources d'information. Je privilégie du même coup une analyse limitée au contexte où les courriéristes sont en situation de coopération concurrence aussi bien entre eux qu'à l'égard de leurs sources. Par ailleurs, la notion de stratégie implique l'existence de ressources et la présence d'un espace significatif de liberté pour en disposer à sa guise, en fonction d'une rationalité orientée vers des objectifs à atteindre. Je vais dorénavant adopter l'approche pluraliste et présenter un survol de quelques modèles théoriques qui y sont associés.

NÉGOCIER, TRANSIGER, SE DISTINGUER

TENTER de cerner le mieux possible la dynamique des relations entre les journalistes et leurs sources d'information implique un bref voyage dans l'univers des théoriciens qui se sont penchés sur la question. Il convient d'aborder ce périple en étant conscient que tout modèle théorique est en fait une simplification de la réalité, sans cependant en être une caricature, et qu'il y a une différence entre la carte du territoire et le territoire réel. Les modèles ne prétendent pas à l'exhaustivité mais cherchent plutôt à favoriser la compréhension du phénomène observé. Ainsi, avant de nous pencher strictement sur la question du recours aux sources anonymes, nous devons avoir une certaine connaissance de la manière dont les journalistes et leurs sources d'information interagissent le plus souvent.

Le modèle de l'adversité

Dans son ouvrage *The Adversaries*, Rivers (1970) développe l'idée selon laquelle les relations entre les journalistes et leurs sources, principalement politiques, *devraient* être marquées par une certaine adversité qui, dit-il, n'est pas un combat contre le pouvoir, mais contre les abus de pouvoir. Dénonçant les relations trop étroites entre les journalistes et leurs sources d'information, il reconnaît cependant que les attitudes peuvent différer d'un journaliste à l'autre et qu'il existe deux types de journalistes, les *in* et les *out*. Les premiers sont ceux qui s'entendent bien avec leurs sources d'information, «jouent le jeu» et protègent l'identité de leurs sources. Les *out* affrontent leurs sources d'information et obtiennent leurs informations en faisant valoir leurs droits ou en étant persévérants. Il estimait toutefois que la « triste » vérité est qu'une importante proportion des journalistes de Washington sont des *in* et qu'il manque singulièrement de *out*. Il considérait que cela était néfaste aussi bien pour les médias que pour le pays. C'est dans cette perspective d'affrontement avec les autorités politiques que s'inscrit le journaliste d'enquête Jack Anderson quand il défend âprement le recours aux sources anonymes, auxquelles s'opposait pourtant Rivers. Anderson va même jusqu'à soutenir que ce sont les sources identifiées qui ne devraient avoir aucune crédibilité, car les porte-parole du gouvernement américain ou du président ne peuvent que tromper le public (Mumford, 1998).

Blumler et Gurevitch (1995) font valoir trois limites au modèle de l'adversité. Premièrement, sur le plan normatif ou éthique, outre l'incitation à l'opposition et au conflit, ce modèle est incapable de guider convenablement les pratiques professionnelles lors des relations entre les journalistes et leurs sources. Il est également silencieux en ce qui concerne le droit d'accès des sources d'information gouvernementales aux médias afin d'informer le public sur les réussites ou les difficultés relatives à la gouverne de la chose publique. Blumler et Gurevitch estiment que le public a un droit légitime à l'information qui favorise le gouvernement, pas simplement à celle qui lui est désavantageuse. Deuxièmement, le modèle de l'adversité ne rend pas compte des relations réelles que les journalistes entretiennent avec leurs sources d'information, relations qui relèvent souvent de la collaboration. Troisièmement, si la production des messages politiques demeure une œuvre collective impliquant journalistes et sources d'information, la confrontation perpétuelle, l'hostilité et les tactiques d'obstruction empêcheront chaque partie d'accomplir sa tâche dans cette construction, ce qui sera improductif pour tous les acteurs.

Malgré ces réserves, Blumler et Gurevitch ont intégré le modèle de l'adversité à leur conception de la communication politique dans le but d'en exprimer la dimension conflictuelle. Je crois raisonnable de soutenir que les *croyances* qui découlent de la notion d'adversité permettent aux journalistes d'adopter des stratégies efficaces, notamment lorsqu'ils se trouvent en face de sources d'information qui refusent de collaborer. Par exemple, ils peuvent menacer de les sanctionner en faisant connaître au public leur refus de collaborer, ce qui est alors interprété comme une négation de son droit à l'information. Le journaliste est fréquemment appelé à naviguer entre une collaboration complaisante et une opposition radicale pour obtenir de la part de sources réticentes l'information qu'il désire et à laquelle il considère avoir un droit d'accès.

Transactions et négociations

De leur côté, Ericson, Baranek et Chan (1987, 1989) soutiennent que les journalistes et leurs sources d'information agissent ensemble à la construction de l'actualité. Les sources procurent des événements qui sont transformés en nouvelles par les journalistes. Les auteurs ajoutent que les journalistes et les sources négocient ensemble pour atteindre des objectifs différents, et qu'il faut définir les nouvelles non pas comme étant le reflet de ce qui s'est réellement déroulé, mais comme le reflet de la manière dont on s'y prend pour rapporter les choses. Leur modèle théorique de la construction de l'actualité met en scène des sources d'information qui ont recours à différentes stratégies et tactiques pour faire en sorte que des événements déterminés intéressent les journalistes. Ces derniers ont des critères de sélection des événements aptes à être transformés facilement en nouvelles profitables pour leur entreprise de presse. Les enquêtes sur le terrain ont permis à ces auteurs canadiens de mettre au jour les enjeux et les contraintes de ces négociations. S'étant intéressés de manière indirecte à la question des sources fantômes, ils ont tout de même pu observer au moins quatre fonctions du recours aux sources anonymes.

Premièrement, la fonction la plus importante serait de permettre l'accès à l'arrière-scène, là où se prennent les décisions, où se déroulent les débats, où se manifestent les conflits larvés et les affrontements entre individus appartenant au même groupe politique, alors que les sources d'information chercheraient généralement à limiter l'accès des médias à un avant-scène qui leur serait favorable. Cependant, cet accès à l'arrière-scène ne permet pas au journaliste de toujours publier les informations obtenues, car elles sont souvent communiquées sur les modes de la confidence et du secret. L'accès à l'information d'arrière-scène serait tout de même une motivation suffisante pour que les journalistes accordent l'anonymat à des sources qui soutiennent des énoncés négatifs concernant leur propre groupe d'appartenance, ce qui me conduira à vérifier si la présence de sources fantômes permet aux courriéristes parlementaires de produire davantage de comptes rendus relatifs aux tractations et conflits de coulisse que n'en contiennent les comptes rendus où toutes les sources sont identifiées.

Cherchant à décrire, à analyser et à comprendre les stratégies employées par les sources d'information et les journalistes, Ericson, Baranek et Chan ont observé ces deux groupes d'acteurs dans quatre secteurs de couverture journalistique : palais de justice, faits divers, économie et Assemblée législative de l'Ontario. Ils ont ainsi remarqué que les politiciens ont une grande soif de publicité, et que leur priorité est d'être l'objet d'une couverture médiatique. C'est ici que se manifestent les paradoxes apparents. Assoiffées de publicité, les sources politiques font tout de même de grands efforts pour interdire l'accès des médias aux activités d'arrière-scène et, en même temps, se permettent de multiplier les confidences aux journalistes lorsque tous se retrouvent dans le *lounge* du Parlement. En réalité, les sources politiques pratiquent l'ouverture et la fermeture sélective, ils permettent ou interdisent l'accès des journalistes aux informations d'arrière-scène selon leurs intérêts de l'heure ou leur humeur. Les auteurs estiment qu'un des avantages de la stratégie de l'ouverture sélective, du point de vue des sources politiques, est de solidifier les liens de confiance qui les unissent aux journalistes les côtoyant chaque jour. Nous verrons plus loin que la question de la confiance entre politiciens et journalistes revient constamment chez les informateurs que j'ai rencontrés.

Mais il y a d'autres avantages : les confidences ne se font pas à sens unique, et les sources politiques peuvent ainsi apprendre des choses intéressantes — comme les dernières rumeurs dont les journalistes sont si friands —, tout en promettant aux journalistes de ne pas les identifier à leur tour, ce que j'ai pu observer dans les corridors de l'Hôtel du Parlement à Québec. En confiant des informations précieuses et rares aux journalistes de leur choix, les sources politiques souhaiteraient également influencer leur vision des événements et leur manière de les rapporter. Il ne faut pas croire que ces échanges d'information *clandestins* soient l'apanage des sources membres du parti politique au pouvoir ; même les gens de l'Opposition communiquent aux journalistes des informations qui désavantagent le gouvernement et ils refusent d'être identifiés.

Une deuxième fonction du recours à la source anonyme serait de permettre aux journalistes de publier des informations sans être obligés d'aller à la recherche d'un autre son de cloche, c'est-à-dire d'une version opposée ou différente que pourrait offrir une source officielle. Les auteurs ont retenu cette utilité à la suite d'un entretien avec un journaliste qui leur a déclaré qu'en ne citant pas directement sa source, il n'a pas à se mettre en quête de réactions opposées pour offrir un compte rendu équilibré. L'aspect stratégique de cette pratique est assez évident, ici : il permet au journaliste de produire des comptes rendus à moindre effort. La source profite, bien souvent sans le savoir, d'une prime d'exclusivité, car ses affirmations ne sont pas confrontées à des énoncés opposés ou différents, comme je le montrerai plus loin.

Une troisième fonction du recours aux sources anonymes serait de permettre aux journalistes d'alimenter ce que les auteurs nomment la « mystique du journalisme d'enquête ». Comme ce genre journalistique est très valorisé chez les journalistes, ceux-ci seraient tentés de donner l'impression qu'ils ont longuement enquêté afin d'obtenir l'information qu'ils publient, même si, comme le rapportent les auteurs, l'information a été obtenue au terme d'un marché rapidement conclu lors d'une conversation téléphonique de dernière minute avec une source d'information. D'autres auteurs, tel Johnston (1987 : 58), y voient une occasion de donner une dimension plus spectaculaire et plus de style aux comptes rendus, une appréciation partagée par Jack Nelson, du *Los Angeles Times*, qui juge que cela sert parfois à donner du relief à un article mal documenté (Public Broadcasting System, 1998a : 2).

Une dernière fonction, mais non la moindre, serait de nature économique. En effet, le journaliste et l'entreprise de presse qui l'emploie ont intérêt à se démarquer de la concurrence et l'exploitation judicieuse d'une source anonyme peut être d'un grand secours. Elle permet de publier de l'information, parfois sur une longue période, sans que les médias concurrents ne puissent s'y alimenter directement à leur tour. Une bonne source anonyme est donc un avantage compétitif assuré.

C'est dans la même filiation théorique qu'on retrouve les travaux de Charron (1994), qui croit que les journalistes et leurs sources d'information politiques sont membres d'un système d'action précis, avec, d'une part, ses règles de fonctionnement et ses normes et, d'autre part, les objectifs et les contraintes des acteurs, ainsi que leurs stratégies et tactiques. Pouvoir et négociations sont ici les maîtres mots. Charron considère qu'un acteur aura d'autant plus de pouvoir qu'il pourra accroître son autonomie et diminuer sa dépendance envers les autres, et ce afin d'atteindre de façon satisfaisante ses objectifs professionnels (politiques ou journalistiques, selon le groupe d'acteurs). Des travaux de Charron portant sur les relations entre la presse parlementaire et les autorités politiques à l'Assemblée nationale du Québec, je retiens certaines propositions relatives à la présence de sources anonymes dans les comptes rendus des courriéristes parlementaires. Ces propositions ont pour postulat général le fait que les acteurs ajustent leurs moyens afin d'atteindre les finalités qu'ils poursuivent et le recours à l'anonymat serait un de ces moyens.

Par exemple, le secret créé autour de certains débats internes augmente la valeur journalistique de l'information, ce qui encourage le journaliste à accorder l'anonymat à une source qui souhaite communiquer cette information. Cette utilité a déjà fait l'objet d'un commentaire humoristique de la part de Ronald Reagan (Bennett, 1996 : 93) qui a commencé une conférence de presse en déclarant qu'il n'avait pas de propos d'ouverture officiels, car ceux-ci étaient tellement importants qu'il avait décidé de les faire diffuser sous le couvert de l'anonymat afin d'augmenter les chances que les médias leur accordent l'attention qu'ils méritaient!

Par ailleurs, l'anonymat permet à une source de contourner la contrainte du secret du débat au sein du conseil des ministres ou du caucus des députés.

De plus, la publication d'informations obtenues de sources anonymes permet au journaliste de s'écarter de sa fonction de rapporteur, de « courroie de transmission » de l'information officielle, parce que, encore une fois, la face publique de l'information politique est parfois moins alléchante pour le journaliste que la face cachée, l'arrière-scène. Par ailleurs, puisque les « insatisfaits transigent souvent sur le marché noir de l'information [...] et exigent des journalistes des garanties de confidentialité et de discrétion » (Charron, 1994 : 285), on pourrait s'attendre à ce que les comptes rendus dans lesquels on retrouve des énoncés anonymes soient généralement de nature critique ou à connotation négative. Cette proposition n'est pas confirmée par mes résultats, comme nous le verrons plus loin.

On peut suggérer que le journaliste qui cherche à se distinguer de ses collègues, pour qu'on lui reconnaisse une certaine compétence, accordera l'anonymat afin d'obtenir des primeurs et des *scoops* qui feront en sorte que sa production se démarquera de celle des autres courriéristes, à l'intérieur d'un système basé non seulement sur la coopération, mais aussi sur la concurrence, parfois le conflit, comme l'a noté Charron. Cela permet de croire que les journalistes qui accordent le plus souvent l'anonymat à leurs sources d'information produiront plus de primeurs et de *scoops* que leurs collègues qui accordent moins souvent l'anonymat. Une proposition qui sera examinée plus loin.

Mimétisme et distinction

L'anonymat des sources constitue une tactique dans l'arsenal stratégique des acteurs que sont les sources politiques et les courriéristes. Ces deux groupes cherchent à affirmer leur autonomie et à conserver le contrôle de l'actualité politique, comme l'a bien démontré Charron. Les journalistes ont recours à des sources anonymes qui leur procurent du matériel rédactionnel, de la nouvelle et des exclusivités, tandis que les sources politiques ont à leur tour accès à un espace médiatique privilégié pour assurer la diffusion de leurs messages.

Charron insiste sur la notion de pouvoir grâce à l'actualisation de ressources, de règles du jeu, de rôles et de normes, dans le but de contrôler l'actualité politique. J'analyse principalement le recours aux sources anonymes non pas comme une ressource du pouvoir des journalistes à l'égard des sources politiques, mais comme une tactique dont les courriéristes se servent pour se distinguer et se démarquer les uns des autres, en résistant au mimétisme ambiant.

Examinons brièvement le mimétisme et la distinction chez les journalistes, qui représentent respectivement les pôles de la coopération et du conflit au sein de ce groupe. Le mimétisme des journalistes est un phénomène assez bien connu et décrit. Dans son ouvrage historique, Levine évoque l'époque du premier ministre Louis Saint-Laurent où les courriéristes parlementaires à la Chambre des communes échangeaient les copies carbones de leurs articles afin de s'entraider. Au XIXᵉ siècle, les journalistes de la Tribune de la presse à l'Assemblée législative de la province du Québec faisaient circuler leurs notes entre confrères ayant les mêmes affinités partisanes. L'échange d'informations s'est généralisé par la suite, au-delà des clivages partisans. L'historien Jocelyn Saint-Pierre raconte que les analystes de la Reconstitution des débats à l'Assemblée nationale

> ont remarqué des similitudes nombreuses en établissant le *hansard* historique des années 1890. Des journaux de tendances politiques différentes ont fréquemment le même texte. L'existence d'habitudes de travail en équipe peut seule expliquer ce phénomène. La pratique des journaux de se copier les uns les autres, même lorsqu'ils sont concurrents ou adversaires, remonte aux origines mêmes de la presse. C'est le démarquage : il suffit de changer les titres et de réécrire certains passages (1996 : 17).

Témoin contemporain, Gilles Lesage déplore que l'information journalistique soit non seulement superficielle, mais aussi dépendante d'une concurrence marquée par l'esprit de groupe[1] : « Censure des pairs, consensus et mimétisme sont les maîtres mots des patrons de presse, ainsi que de la plupart des journalistes » (1980 : 289). Aujourd'hui encore, il n'est pas rare de voir les courriéristes se rassembler en petits groupes après un point de presse ou une conférence de presse pour comparer leur interprétation des événements et dégager un consensus qui orientera leur couverture. Le mimétisme a des avantages certains, fait remarquer Padioleau pour qui la « coopération entre journalistes réduit les occasions de comparaisons défavorables : elle les fait apparaître comme étant tous bien informés » (1976 : 262), une observation reprise et accréditée par Ericson, Baranek et Chan. Dyer et Nayman (1977) sont également d'avis qu'une des fonctions principales de la coopération chez les journalistes politiques est de permettre d'identifier ce qui est réellement la nouvelle à l'aide d'un jugement collectif. Gilsdorf et Bernier parlent du « besoin qu'éprouvent les journalistes de la presse écrite et électronique de s'observer mutuellement » comme étant un des facteurs qui exercent une influence sur le contenu et le format de la couverture des campagnes électorales canadiennes (1991 : 50).

En marge de cette coopération et de ce mimétisme, on retrouve des comportements plus individualistes, inspirés notamment par les impératifs de la concurrence et le désir de se démarquer. À cet effet, le sociologue Pierre Bourdieu aborde le journalisme comme une production culturelle où les producteurs,

---

1. Nos informateurs politiques abordent spontanément ce thème lors de nos entrevues.

dont les journalistes, «travaillent beaucoup moins les yeux fixés sur leurs clients, c'est-à-dire ce que l'on appelle le public-cible, que sur leurs concurrents... Dans le cas du journalisme, le critique du *Figaro* produit non les yeux fixés sur son public mais par référence au *Nouvel Observateur* (et réciproquement)» (1984 : 165). Bourdieu ajoute cependant plus loin que ce souci de se distinguer n'est pas pleinement conscient chez les producteurs culturels qui «produisent [...] en fonction de la position qu'ils occupent dans un certain espace de concurrence» (p. 246).

Il me paraît assez hasardeux de soutenir que les courriéristes parlementaires de l'Assemblée nationale du Québec n'ont pas conscience de leur souci de se détacher du peloton. Au contraire, Charron a noté ce désir, surtout chez les journalistes de la presse écrite et chez ceux à l'emploi d'un média qui compte quelques journalistes sur la colline parlementaire. Il considère que la presse écrite « est le média de la distinction » pour plusieurs raisons : le journaliste doit développer sa nouvelle davantage que ses collègues des médias électroniques, ce qui lui assure plus d'éléments inédits ; il a plus d'espace et donc plus de diversité ; et il y a des analyses plus souvent (1994 : 278-279). Mon observation des us et coutumes des courriéristes parlementaires confirme cette interprétation ; la concurrence y est certes omniprésente, mais rarement va-t-elle jusqu'à contaminer les relations personnelles entre les journalistes de médias concurrents qui, presque toujours, font contre mauvaise fortune bon cœur et accueillent avec un certain humour le concurrent qui a publié une nouvelle exclusive.

Une des formes que prend la distinction est justement la publication d'informations exclusives, soit des primeurs et des *scoops*. Ce type d'informations est grandement apprécié de la part des entreprises de presse (Nelson, 1994 : 161). Par sa rareté, le *scoop* prend une valeur journalistique certaine. Il témoigne de l'autonomie du journaliste, prouve l'existence réelle de la concurrence, il témoigne de la distinction et de la compétence du journaliste (Charron, 1994 : 285). Le *scoop* et la primeur tirent leur origine fréquemment de sources anonymes, ce qui rend cette pratique journalistique attrayante pour qui veut notamment se démarquer de la concurrence et briser le mimétisme.

Échanges et stratégies

Plusieurs chercheurs insistent sur la relation de dépendance qui existe entre les journalistes et leurs sources d'information, surtout dans un contexte politique où les sources recherchent l'accès à l'espace public afin, ultimement, de persuader dans le but de conserver, voire d'augmenter le soutien populaire dont ils dépendent. Quant aux journalistes, ils doivent produire des nouvelles afin d'alimenter leur entreprise de presse[2], ce qui les rend dépendants des sources d'information.

Ces chercheurs tiennent compte des contraintes organisationnelles des acteurs et du système d'action étudié, de ses règles et normes, mais aussi des moyens que les acteurs utilisent pour atteindre leurs objectifs, quitte à devoir faire certains compromis et dévier quelque peu des normes grâce aux *règles du jeu* tacites auxquelles ils adhèrent.

On a donc affaire à des acteurs rationnels. Les postulats de ces chercheurs rejoignent en cela certains postulats de l'analyse stratégique de Crozier et Friedberg qui se sont penchés sur « l'utilisation rationnelle et stratégique par les individus de leur zone de liberté » (1977 : 475). Dans cette perspective, on peut avancer que le journaliste qui accorde l'anonymat à une source d'information utilise la zone de liberté que lui concèdent les normes déontologiques de sa profession et la marge de manœuvre consentie par l'entreprise pour laquelle il travaille. Il est utile de préciser que le journaliste interprète largement les normes déontologiques en matière de sources anonymes afin de trouver l'espace de liberté dont il a besoin, mais nous verrons plus loin que toutes les prescriptions déontologiques ne sont pas systématiquement respectées.

En tenant compte de recherches antérieures, je m'inspire d'un modèle de type échangiste relié aux travaux de Homans (Boudon et Bourricaud, 1990 : 565). Selon Homans, les mécanismes d'interaction sociale sont analogues à ceux de l'échange économique. Le cas le plus simple est celui de deux acteurs, X et Y, qui entrent en interaction, ce qui se produit quand un journaliste et une source d'information se rencontrent. Chacun des acteurs dispose de *biens*, soit x et y. Le *bien* du journaliste consiste à en permettre l'accès à l'espace public et celui de la source consiste en une information qu'elle peut mettre à la disposition du courriériste[3]. Le journaliste veut obtenir de l'information qu'il doit diffuser, et la source veut obtenir la publicité qui dépend du journaliste. Pour que l'échange ait lieu, il faut que le coût de x contre y soit évalué par X comme inférieur ou équivalent au bénéfice reçu de Y. Il devra en être de même pour Y quant au coût de x.

---

2. À la limite, ils doivent produire pour justifier leur présence à l'Assemblée nationale du Québec, à un poste de prestige convoité par bien d'autres journalistes, et aussi parce que les entreprises de presse payent déjà pour une couverture officielle assurée par les journalistes de la Presse canadienne et qu'elles n'ont pas intérêt à avoir des journalistes qui assurent une couverture similaire.

3. Ce « bien » ou ce pouvoir est maintenant atténué à cause de la possibilité qu'ont les sources politiques d'atteindre directement le public, sans médiation journalistique, grâce aux nombreuses diffusions télévisées d'événements en direct. Pour l'instant le traitement journalistique des événements influence encore largement le débat public.

On peut avancer que le *y* échangé par la source au journaliste (*X*) est l'information dont le journaliste a grand besoin pour remplir adéquatement le mandat qui lui a été assigné par son employeur. Mais le système d'action qu'est l'Assemblée nationale a des contraintes de différentes natures (solidarité des élus, loyautés partisanes, neutralité de l'administration publique, obligation de produire, etc.) qui sont telles que les acteurs *X* et *Y* doivent user de leur marge de liberté pour les contourner. La négociation des acteurs les conduit à adopter une tactique précise leur permettant d'atteindre leurs objectifs : soit le recours à l'anonymat qui permet à *X* d'obtenir *y* de *Y* qui ne l'aurait pas échangé autrement, et à *Y* d'obtenir *x* de *X* sans craindre de devoir subir les représailles de son organisation politique ou de son groupe d'appartenance (fonction publique, personnel politique, etc.). La présence de sources anonymes indique que les deux acteurs ont convenu, au terme de leur calcul coûts-bénéfices, que l'échange était satisfaisant, même si le « rendement » n'est jamais idéal, le résultat de la négociation étant l'objet d'un compromis[4] parfois plus grand chez un acteur que chez l'autre, selon la situation et selon les coûts et bénéfices en jeu.

Ce modèle implique que nous ayons affaire à des agents ou des acteurs en mesure d'analyser et d'évaluer les coûts et bénéfices de leur échange (Sickels, 1974 : 1). Ce sont des acteurs rationnels, mais qui ne sont pas parfaitement rationnels ni entièrement libres. Ils doivent faire leurs calculs de coûts et de bénéfices en fonction de leurs objectifs respectifs et de contraintes réelles qui peuvent varier dans le temps. Bien entendu, ces calculs sont davantage de l'ordre de l'approximation et de l'évaluation que d'ordre scientifique, comptable ou actuariel, ce qui laisse une marge d'incertitude et de risque que les acteurs assument, compte tenu de leur expérience, des règles du jeu en vigueur à l'Assemblée nationale[5] et des enjeux du moment. Cela permet à certains acteurs d'assumer un jour le rôle de source anonyme et de critiquer cette même pratique le lendemain. Ils adaptent leur comportement pour atteindre idéalement leurs objectifs, mais le plus souvent pour trouver des solutions satisfaisantes, ce qui implique la notion de stratégie développée par Crozier et Friedberg. Car la stratégie « commence au moment où deux résultats différents au moins peuvent être atteints », fait valoir Lemieux (1989 : 130), avant d'ajouter que, dans les jeux « où le conflit se mêle à la coopération, il existe un meilleur résultat pour les deux acteurs que celui qui est atteint si chacun joue la tactique qui mène au résultat qu'il préfère » (p. 141). Delli Carpini rappelle que, parmi les trois grands thèmes qui se dégagent des recherches scientifiques menées depuis le

---

4. Un de mes informateurs qualifie cette pratique de « concession » qui doit être faite afin de diffuser l'information au public.

5. Selon mes informateurs, le mensonge ou la désinformation sont des interdits formels dont la transgression est passible de sanctions. Cet interdit sécurise en quelque sorte les participants.

milieu des années 1980 à propos des relations entre les journalistes et les élus, figure celui de la tension inhérente qui caractérise une relation érigée simultanément sur le conflit et la coopération (1994 : 186).

Cela renvoie à l'importance de la négociation entre acteurs interdépendants. Mais pour qu'il y ait négociation et possibilité d'atteindre une satisfaction mutuelle, les acteurs doivent détenir un pouvoir au sein de la relation. Selon Crozier et Friedberg, « le pouvoir est inséparablement lié à la négociation : *c'est une relation d'échange, donc de négociation*, dans laquelle deux personnes, au moins, sont engagées » (1977 : 66). Le sociologue Pierre Ansart va même jusqu'à prétendre que le pouvoir est « aussi un rapport de force où les termes de l'échange sont plus favorables à l'une des parties en présence » (1990 : 71). La conception asymétrique du pouvoir d'Ansart paraît valide si on isole les moments de négociation dans les cas où l'un des acteurs se trouve réellement en position dominante : par exemple, lorsque le premier ministre fait une déclaration solennelle, il oblige les courriéristes à la rapporter, car l'événement est incontournable. On peut aussi imaginer des situations, et elles sont nombreuses, où les courriéristes peuvent ne pas tenir compte des propos du premier ministre et accorder leur attention à un autre événement. Il en est ainsi lorsque le premier ministre tient une conférence de presse pour annoncer des investissements ou de bonnes nouvelles sur le plan économique, mais que les courriéristes orientent leurs questions sur des enjeux constitutionnels ou des problèmes du secteur de la santé qui deviennent la matière première de leurs comptes rendus. Lorsqu'on tente d'analyser les relations entre les journalistes et leurs sources pour en extraire des propositions générales et rigoureuses, on constate que le pouvoir est partagé et que les relations entre ces groupes d'acteurs ne sont pas aussi univoques que le laisse croire Ansart.

L'utilisation de l'analyse stratégique à des fins explicatives est par ailleurs tout indiquée si on juge que le recours aux sources anonymes, malgré qu'il résulte d'un compromis, demeure une activité instrumentale orientée vers le succès. Cette approche s'inscrit dans la tradition de la sociologie de l'action qui « considère que tout phénomène social est le produit d'actions, ou de comportements individuels et que la mise en évidence du pourquoi — du sens — des actions ou des comportements est un moment essentiel de toute analyse sociologique » (Boudon, 1995 : 156). Cette approche insiste sur la contingence et impose aux sociologues « de ne considérer les phénomènes comme ni prévisibles ni déterminés » (p. 157). Dans la même veine, le politologue Vincent Lemieux explique que l'analyse stratégique « se situe d'emblée chez l'agent observé et s'astreint à reconstituer des catégories qui font sens dans son action » (1970 : 373). Il ajoute que cette approche écarte le jeu des variables et fait place « au jeu entre les hommes » (p. 374). De plus, l'analyse stratégique étudie « l'ajustement des moyens dont disposent les acteurs aux fins qu'ils poursuivent », tout en tenant compte que ces acteurs usent de leur « marge de liberté » à l'intérieur des contraintes du système (Charron, 1994 : 44).

Mais quelles contraintes le journaliste cherche-t-il à contourner en accordant l'anonymat ? Il peut en principe publier toute information qui n'est pas en infraction avec la loi, mais les sources ne peuvent pas diffuser n'importe quelle information, car cela pourrait leur valoir des représailles. Ainsi, la principale contrainte du journaliste est le silence de l'autre, ce qui le prive d'information, alors qu'il a une obligation de « produire ». Il sera donc approprié de vérifier si les courriéristes parlementaires qui évitent cette contrainte et ont plus assidûment recours aux sources anonymes produisent davantage de comptes rendus que leurs collègues qui ont moins recours aux fantômes du Parlement.

En m'inspirant des travaux de Charron, mais en limitant mon étude à la tactique du recours aux sources anonymes comme un élément parmi d'autres de l'arsenal stratégique des acteurs, j'en arrive à retenir le modèle suivant qui schématise leur rationalité.

Modèle théorique retenu

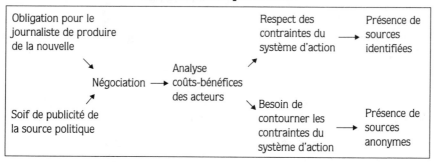

J'ajouterai quelques remarques cependant. Premièrement, je m'intéresse surtout aux stratégies des journalistes, aussi bien par l'analyse de leurs comptes rendus que par des entrevues avec certains d'entre eux et avec quelques sources d'information politiques. Mais il est pertinent de situer la stratégie des journalistes dans un modèle qui illustre également leurs relations avec les sources d'information. Car sans les sources d'information les journalistes ne peuvent déployer les tactiques et stratégies qui leur permettront de se démarquer, notamment en accordant l'anonymat.

Deuxièmement, le processus de négociation est intimement lié à l'évaluation des coûts et des bénéfices de la décision à prendre par chacun des acteurs.

Ce sont les besoins de la formalisation théorique qui justifient qu'ils soient ainsi séparés et, bien entendu, simplifiés.

Troisièmement, c'est à ce stade de l'analyse de la décision que les acteurs devraient aborder les aspects normatifs de leur acte. L'enjeu n'est pas seulement stratégique, il est aussi éthique, si on admet qu'on a affaire à des acteurs rationnels, conscients des risques de transgresser trop radicalement les normes de leur groupe d'appartenance. Les idéologies professionnelles et politiques ont leur place dans ce processus de délibération, car les acteurs ne sont pas insensibles à certaines valeurs professionnelles, éthiques, politiques ou sociales, comme en témoigneront plus loin mes informateurs. Ils ne sont pas *free values*. Mais cette dimension n'est pas l'objet de mon propos, il me suffit de l'évoquer.

Quatrièmement, il importe de rappeler que les modèles sont des représentations simplifiées du monde que nous utilisons pour comprendre la réalité (Crête et Imbeau, 1994 : 36) et non pour s'y substituer, tant il est vrai que la carte *n'est pas* le territoire. Il ne faut donc pas chercher dans ce modèle théorique un déterminisme et une exhaustivité qu'il ne revendique nullement.

Le risque des sanctions

Bien entendu, contourner la contrainte du silence place le courriériste devant un choix éthique, puisque la règle déontologique de sa profession lui prescrit d'identifier ses sources pour mieux servir son public ; mais la question est surtout abordée ici sous l'angle pratique et instrumental. Le journaliste sera certes plus sensible aux dangers de miner sa réputation ou sa crédibilité au sein de la confrérie, et peut-être à l'égard de sources d'information concurrentes, si les informations qu'il publie grâce à l'anonymat sont complaisantes, ou encore si elles se révèlent inexactes. Il risque d'être manipulé par sa source qui a peut-être des raisons inavouées de demander l'anonymat, ce qu'il pourrait constater ultérieurement. Il risque également d'être sanctionné publiquement pour les informations qu'il aura été le seul à publier.

C'est ce qui s'est passé, le 11 avril 2000, au *hot room*[6] de l'Hôtel du Parlement, alors que le vice-premier ministre et ministre des Finances, Bernard Landry, s'en est pris vigoureusement au journaliste Denis Lessard, du quotidien *La Presse*. Lors d'une rencontre avec les médias, Landry a vivement réagi à une manchette publiée sous le titre « *Le PQ met au rancart le partenariat politique* », alors que l'exécutif du Parti québécois avait proposé de supprimer le partenariat

---

6. Petit local situé à quelques pas de la chambre des débats, où les courriéristes rencontrent les acteurs politiques qui ont une brève déclaration à faire ou qui sont invités à réagir à des événements de l'actualité dans le cadre d'un point de presse.

politique de son programme pour le remplacer par un partenariat inspiré de l'Union européenne. Cette proposition devait être adoptée ou rejetée ultérieurement par les membres du PQ.

Landry était visiblement furieux de cette manchette obtenue grâce à un informateur anonyme au moins, et il s'en est pris au courriériste tout comme au quotidien *La Presse*. À quelques reprises, alors que les journalistes voulaient le questionner, il a insisté pour poursuivre sa sortie en règle. L'essentiel du point de presse a été une mise en accusation du journal et de son journaliste, mais rien de cela ne s'est retrouvé dans les comptes rendus du lendemain. Les courriéristes ont visiblement jugé que Landry allait trop loin ou n'avait pas raison de se plaindre, comme il était possible de l'entendre dire, ce jour-là, à la Tribune de la presse. Voici une transcription de l'essentiel du point de presse.

> Bernard Landry : Non... c'est pas de changement. C'est le plus grand journal du Québec qui écrit n'importe quoi. C'est ça l'affaire. « Le PQ met au rancart », c'est radicalement faux, c'est pas vrai... [...].
>
> Moi, je connais moins votre métier que vous évidemment et j'imagine que vous connaissez moins bien le mien que moi je le connais. Mais je m'interroge encore comment le plus grand quotidien français d'Amérique peut mettre une fausseté magistrale en gros titre et que ça n'ait aucune conséquence, ni pour la classe journalistique ni pour personne...
>
> Je dis que le congrès aura lieu, et que le premier ministre et moi-même et l'exécutif national, et les associations de comté, en immense majorité, veulent le partenariat économique et politique, comme c'est dit dans le programme actuel.
>
> Alors, c'est vraiment, c'est vraiment très difficile à comprendre. (Un journaliste veut poser une question, mais Landry insiste pour continuer.) C'est quoi cet esprit civique qui consiste à imprimer en gros titre des choses radicalement fausses et sans fondement ? Se pourrait-il qu'un de nos militants sur des dizaines et dizaines de milliers voudrait faire ça [changer l'article du programme] ? Ça se pourrait, mais ça veut pas dire que le parti veut faire ça, ni le gouvernement, ni ses dirigeants. [...]
>
> Ce sont des propositions de la région de Québec en particulier qui sont battues en brèche dans presque toutes les circonscriptions. Comment pouvez-vous dire, avant le congrès... Est-ce que les militants et militantes du Parti québécois comme du Parti libéral auraient pas droit à un peu de respect de la part de *La Presse*, est-ce qu'on peut pas attendre qu'ils se soient prononcés avant d'écrire en gros titre « Le PQ met au rancart le partenariat », qui est-ce qu'on peut informer là-dedans ?
>
> Lessard explique que cela a été adopté par l'éxécutif depuis 15 jours.
>
> Même si c'était ça, ce qui n'est pas le cas puisque l'exécutif véhicule les propositions aux membres pour le congrès, le Parti québécois se prononcera à son congrès. Le premier ministre est radicalement contre, moi aussi, je l'ai réitéré dans le discours du budget. Ce que nous souhaitons c'est une union à l'européenne. Vous connaissez l'Union européenne ? Peut-être pas, mais en tout cas si vous la connaissez c'est une

union économique et politique, c'est ce que nous souhaitons... Qui a intérêt à faire de la désinformation ? [...]

Un journaliste revient à la charge.

On verra ce que notre congrès adoptera comme position, mais dire que le PQ met au rancart le partenariat politique est une fausseté et c'est ça qui est écrit.

Un journaliste : Il aurait fallu dire l'exécutif du PQ ?

Il aurait fallu dire il y a des propositions diverses au congrès qui aura lieu au mois de mai. C'est moins amusant comme manchette, évidemment, mais c'est vrai...

Lessard intervient : Une proposition de l'exécutif du PQ c'est pas négligeable quand même, c'est pas comme un comté...

Mais alors, écoutez, si c'est ça... Moi je fais partie du PQ, j'ai pas été consulté là-dessus. Admettez-vous que votre manchette elle est fausse ? Si c'était « L'exécutif du PQ met au rancart le partenariat politique », alors je pourrais dire le titreur et M. Lessard ont fait un travail journalistique propre. Mais là c'est un travail journalistique impropre...

Un journaliste intervient pour demander qui est président de l'exécutif du PQ.

C'est M. Bouchard et M. Bouchard, lui veut le partenariat politique et économique...

Un journaliste : Donc on devrait dire le PQ est divisé.

Ça vous pouvez l'essayer si vous voulez...

Arrivent les questions en anglais, mais Landry répond en français.

Ça fait partie de discussions, et que l'on discute ne permet à personne de conclure à l'avance des résultats de la discussion. Ça fait 30 ans que je milite dans ce parti là, j'ai vu des résolutions acceptées, j'en ai vu qui étaient battues. Personne n'a le droit, honnêtement, de présumer du résultat d'un congrès sur une chose controversée... Là, quelqu'un qui lit ça, disons ma mère chez-nous... *Le PQ met au rancart le partenariat politique*... Qui cherche à désinformer cette personne et les centaines de milliers d'autres qui lisent ça ?

Journaliste : Mais vous me dites l'exécutif présente une résolution avec laquelle le chef de l'exécutif n'est pas d'accord.

Très exactement, alors donc on ne peut pas conclure, si ni Lucien Bouchard, ni moi, ni une majorité de nos membres et de nos militants et de nos militantes... dire le PQ prend telle orientation quand il ne l'a pas prise. Il me semble que c'est facile à comprendre. Vous pouvez faire toute sortes d'arguties, mais c'est écrit en lettres d'un pouce. *Le PQ met au rancart le partenariat politique*. Mais c'est radicalement faux. Il y a pas de responsabilité dans ces choses là, qui a fait çà ?

Denis Lessard : C'est une proposition de l'exécutif...

C'est pas ça que vous dites, vous dites *Le PQ met au rancart le partenariat politique*... OK, c'est peut-être trop subtil pour que je puisse le comprendre...

Un journaliste : Vous dites que M. Bouchard est mis en minorité par l'exécutif de son parti ?

Non, je vous dis que M. Bouchard est radicalement contre le fait qu'on abandonne le partenariat politique. J'étais pas à l'exécutif, je sais pas si M. Bouchard était là lui-même, mais je sais ce qu'il pense, je lui en ai parlé...

Lessard : Mais l'expression partenariat politique ne se retrouvera plus dans le programme si cette résolution là est adoptée.

Oui mais là c'est pas ça que vous dites M. Lessard, vous dites que c'est fait. Vous avez fait une manchette dans votre journal pour dire que c'est fait. Comment pouvez-vous dire ça quand une chose n'est pas faite ? Vos collègues journalistes sont là, tout le monde est là. Il y a le bon sens aussi qui doit prévaloir. Quand une chose est blanche on le dit, et quand elle ne l'est pas on ne le dit pas, ou on ne dit pas qu'elle est noire. Je regrette là, mais c'est un homme simple qui vous parle, pas aussi compliqué que certains journalistes comme vous peuvent l'être.

Je ne comprends pas qu'on affirme une chose comme étant arrivée alors qu'elle n'est pas arrivée. Essayez de vous mettre à ma place. Vous avez dit que mon budget je l'avais devancé par exemple... Ça aussi c'est radicalement faux. Je vous l'ai dit. Je vous ai offert de vous en donner une preuve écrite, ça vous a provoqué un haussement d'épaules.

Écoutez, encore une fois je ne veux pas vous montrer à faire votre métier. M. Michel David [chroniqueur au quotidien *Le Soleil*] me dit que j'ai cette tendance de temps en temps. C'est parce que moi j'aime la chose publique, j'ai été un intime de René Lévesque qui adorait le journalisme. Lui c'était : qu'est-il arrivé, où, quand comment et pourquoi ? Et ça devrait être vrai !

Alors encore une fois et en tout respect pour tout le monde, et le débat politique au Québec c'est un des plus intenses au monde, vous savez ça. On vote à 95 % dans les référendum, les gens lisent les journaux, écoutent la radio et la télévision, ils se fient là-dessus et il faut souhaiter comme citoyens et citoyennes que ce qui est là-dedans soit le plus exact possible. Demandez-moi pas ce que j'ai lu en fin de semaine... [Faisant allusion aux *Oiseaux de malheur*, un essai critique sur les médias, du journaliste André Pratte.]

En devenant en quelque sorte le garant des énoncés anonymes qu'il rapporte, le journaliste assume les coûts potentiels de cette pratique, des coûts qui sont finalement des contraintes à l'action et à la production, si les sanctions ou la crainte de devoir les subir font leur effet. Mais il y perçoit aussi des bénéfices de divers ordres. Il peut en retirer des primeurs, des *scoops*, devancer la concurrence, produire davantage d'articles, se bâtir une notoriété, se distinguer des autres courriéristes parlementaires, accéder à l'information d'arrière-scène, diffuser de l'information embarrassante pour les acteurs mis en cause et ainsi exercer sa fonction critique. Selon Charron, le journaliste procède à une évaluation des coûts et des bénéfices de la nouvelle et perçoit ses gains en fonction de ses objectifs : notoriété, prestige, crédibilité et compétence (1994 : 56-57). Le politologue américain W. Lance Bennett affirme que le fait d'accepter les informations anonymes et les fuites favorise la carrière des journalistes politiques, laquelle stagne ou est minée si le courriériste se tient trop loin des sources d'information qui ont recours à ce procédé ([1983] 1996 : 120).

Les contraintes de la source d'information sont également bien réelles. Il y a d'abord la solidarité ministérielle ou partisane qui impose le silence sur une foule de discussions internes de l'organisation politique ou gouvernementale. Par ailleurs, certains acteurs politiques n'ont pas l'autorisation de s'adresser aux journalistes à propos de sujets précis, ce qui les oblige à requérir l'anonymat lorsqu'ils désirent communiquer des informations. Il y a aussi des informations de nature critique ou à connotation négative, dont la diffusion est motivée par des intentions peu louables (attaques *ad hominem*, par exemple), si bien que la source préfère ne pas être identifiée pour ne pas avoir à subir l'opprobre[7].

D'autre part, la source d'information peut très bien demander l'anonymat afin de faire diffuser une information qui n'aurait peut-être pas retenu l'attention des journalistes dans un communiqué de presse banal. En désirant profiter de l'anonymat, la source crée l'impression que l'information est importante et ne sortira pas autrement. Finalement, la source peut profiter de l'anonymat pour lancer des ballons ou tester l'opinion publique sans devoir répondre de ses propos si ceux-ci déclenchent des tollés de protestation, ou encore pour nuire à des adversaires de sa propre formation politique.

Deux pratiques, une même logique

À plusieurs égards, la logique stratégique de la source anonyme est la même que celle de l'auteur d'une fuite qui cherche à atteindre des objectifs précis, la différence étant que la fuite consiste à faire parvenir à un journaliste un document dont la publication sera embarrassante pour certains ou permettra à d'autres de sauver la face. Le journaliste n'a alors plus besoin d'accorder l'anonymat à sa source d'information, qui est le document obtenu, et il omet de faire état des motivations ou de l'affiliation partisane de l'auteur de la fuite, ce qui en dirait beaucoup sur l'état des relations entre certains élus du même parti. Dans le cas de sources anonymes, la crédibilité des comptes rendus qui en résultent repose en bonne partie sur la vraisemblance des énoncés et sur la réputation du journaliste, ainsi que celle de son entreprise de presse.

Pour illustrer la stratégie qui se cache parfois derrière les fuites, il n'y a qu'à prendre le cas de *Sortie de secours*, de Jean-François Lisée, ex-conseiller des premiers ministres Jacques Parizeau et Lucien Bouchard. Lisée avait mis au point une stratégie lui permettant de tirer profit de la vente, à des journaux et à

---

7. Un de nos informateurs affirme que l'anonymat lui permet d'échapper à la « dictature » de la rectitude politique.

un magazine, de passages de son livre fort attendu de la classe politico-médiatique, à la condition que les médias choisis attendent le jour du lancement officiel avant de publier les extraits vendus. Lisée et son éditeur avaient prévu faire paraître le livre le 10 février 2000. Or, deux jours avant, le journaliste Lessard avisait Lisée qu'il en avait obtenu un exemplaire et allait en parler dès le 9 février. Lisée a donc dû précipiter le lancement, lui qui avait manœuvré pour tirer le maximum de profits de la situation.

Grâce à la fuite dont il a bénéficié, le journaliste de *La Presse* était en mesure de court-circuiter le pseudo-événement que Lisée et son éditeur avaient orchestré. Avec un peu de chance, il aurait pu battre la concurrence, mais la réaction de Lisée a été de devancer le lancement et d'en remettre un exemplaire aux journalistes présents à la conférence de presse, si bien que tous les médias ont obtenu le livre en même temps, et Lessard a perdu sa primeur du lendemain.

Mais les auteurs de la fuite, eux, avaient d'autres objectifs stratégiques, selon le récit que Lisée a livré à Michel Venne, du quotidien *Le Devoir*, quelques jours plus tard. Lisée a accusé des membres de l'entourage de Lucien Bouchard et de l'ancien premier ministre Jacques Parizeau de manœuvrer pour étouffer le débat qu'il voulait susciter avec son livre. Lisée dit avoir rencontré l'ex-directeur de cabinet de Parizeau et Bouchard, Jean Royer, qui lui aurait avoué avoir été l'auteur de la fuite, ce que Royer a ensuite nié au *Devoir*. Selon la version de Lisée, Royer aurait donné trois motifs qui justifiaient la fuite. Premièrement, Bouchard « venait de rejeter tout référendum portant sur autre chose que la souveraineté, il était important que le livre sorte le plus tôt possible pour que les présidents de régions du Parti québécois fassent le lien ». Deuxièmement, il fallait « détourner l'attention des journalistes de Jacques Parizeau » qui devait témoigner le même jour à la commission parlementaire sur le projet de loi 99 concernant les prérogatives du Québec face à la loi C-20 sur la clarté référendaire de Jean Chrétien et Stéphane Dion. On craignait que Parizeau critique le premier ministre Bouchard qui devait faire face à un vote de confiance lors du congrès de mai 2000. Troisièmement, il y avait intérêt à ce que le livre soit connu dès le mercredi, jour de la réunion hebdomadaire du conseil des ministres dont les membres seraient incités à prendre leur distance face à l'ouvrage de Lisée (Venne, 2000 : A-1).

L'autopsie de cette fuite permet de mieux comprendre la pensée stratégique des sources anonymes, même si les enjeux ne sont pas toujours aussi perceptibles pour le public. On y voit un journaliste et une source (l'auteur de la fuite) conclure une entente qui permettra en principe à chacun de retirer des avantages symboliques et politiques, si rien ne vient perturber l'ordre prévu des choses... Chacun devrait s'en tirer avec des gains sans subir quelques représailles que ce soit, à moins de se faire prendre en défaut, et il semble que ce fut le cas pour Royer. On peut se demander quel gain il y a pour le public de savoir quelques heures à l'avance ce que contient un livre qu'il pourra consulter pendant des années, alors que les gains des acteurs politiques et médiatiques sont nettement évidents.

Toujours dans le registre stratégique de la fuite, évoquons simplement l'exemple de Jimmy Carter. Lors des élections de 1980, il a organisé une fuite bien calculée d'un mémo adressé à ses organisateurs pour leur « expliquer » que ses lourdes responsabilités l'empêchaient de prendre part à des débats télévisés avec d'autres candidats. Il cherchait ainsi à redorer son image, car ses refus étaient vivement critiqués dans les médias. Selon Bennett (1996 : 94) une telle fuite a eu l'avantage de transformer un prétexte en nouvelle documentée.

Pour revenir à mon propos, j'ajoute que les coûts estimés par la source anonyme varient en fonction de la gravité de l'information diffusée. Les acteurs visés par les déclarations d'une source anonyme peuvent entreprendre une chasse qui portera peut-être fruit. Ils peuvent aussi avoir des doutes si l'information diffusée est partagée par un nombre restreint de personnes, si bien que les risques de représailles existent. Toutefois, en ce qui a trait aux informations non dommageables pour les acteurs visés par les déclarations (ballons politiques, préparation de l'opinion publique, etc.), les coûts que doit évaluer la source sont à peu près inexistants, puisqu'elle n'agit pas contre les intérêts de son groupe d'appartenance. De plus, la source peut être assurée à presque 100 % que le journaliste ne divulguera pas son identité, sauf si elle lui a délibérément menti ; il pourrait alors se sentir justifié d'identifier qui a ainsi « trompé le public ».

OÙ LES FANTÔMES DU PARLEMENT SE MANIFESTENT

I L EST TEMPS d'examiner plus concrètement comment les courriéristes parlementaires en poste à l'Assemblée nationale du Québec utilisent les sources fantômes. Le corpus de la recherche est formé de 642 articles provenant des quotidiens *Le Devoir* (n = 96), *Le Soleil* (n = 261) et *La Presse* (n = 285). La recherche se limite aux courriéristes parlementaires des trois quotidiens du Québec qui accordent le plus d'importance aux informations émanant de l'Assemblée nationale du Québec, soit *Le Devoir*, *Le Soleil* et *La Presse*. J'ai analysé un échantillon aléatoire de 10 courriéristes, mais la production d'articles de ceux-ci varie grandement, principalement en raison de mutations qui les ont fait quitter ou arriver à la Tribune de la presse pendant la période d'observation qui couvre les années 1994 et 1995. Le tableau suivant illustre ces mouvements de personnel et le pourcentage que la production de chaque journaliste occupe dans l'échantillon. On constate que la méthode retenue pour constituer le corpus a permis d'analyser approximativement le même nombre d'articles en 1994 et en 1995.

La décision de retenir les années 1994 et 1995 n'est pas arbitraire. Ce choix obéit premièrement à la préoccupation d'être d'actualité, puisque la période retenue n'est pas éloignée dans le temps et que plusieurs des acteurs sont toujours actifs. Encore plus déterminant cependant est le fait que 1994 et 1995 ont été des années fébriles sur le plan politique. Rappelons que trois premiers ministres se sont succédé aux commandes du Québec pendant cette période. Daniel Johnson est devenu premier ministre désigné et a présenté son cabinet en janvier 1994, à la suite de la démission de Robert Bourassa. L'élection

TABLEAU 1
Production respective des courriéristes parlementaires

Journaliste	1994	1995	Total	%
J1	54	4	58	9
J2	16	31	47	7
J3	36	31	67	11
J4	52	57	109	17
J5	5	1	6	1
J6	62	76	138	21
J7	32	42	74	11,5
J8	24	2	26	4
J9	45	45	90	14
J10	0	27	27	4
	326	316	642	99,5[1]

de septembre 1994 a ensuite conduit Jacques Parizeau au pouvoir, mais celui-ci a démissionné au lendemain de l'échec référendaire d'octobre 1995 pour laisser la place à Lucien Bouchard, qui n'a toutefois présenté son cabinet qu'en 1996. Bouchard a cependant été considéré comme le premier ministre du Québec dès le départ annoncé de Parizeau et, à ce titre, il a suscité une abondante couverture médiatique. De son côté, le chef de l'Opposition officielle a été aux prises avec des critiques internes quant à son *leadership*. Il faut aussi rappeler que c'est en 1994 que Bouchard a frôlé la mort, ce qui a généré de nombreuses retombées médiatiques. Par ailleurs, les années 1994 et 1995 ont été cruciales en matière de communication politique, puisque les Québécois ont vécu une élection géné-rale et un référendum auquel ont participé près de 94 % des électeurs.

La tenue d'un référendum sur la souveraineté du Québec a ainsi contribué fortement à faire de 1995 une année chaude sur le plan politique, et il est vrai-semblable que l'anonymat a joué un rôle intéressant dans la rhétorique poli-tique. Avec de tels enjeux partisans et politiques, il ne fait pas de doute que les tractations en coulisse ont été nombreuses et importantes pour les acteurs, et

---

1. Le total peut ne pas atteindre 100 % parce que j'ai arrondi les résultats à la plus proche décimale. Il en sera ainsi jusqu'à la fin du livre.

que le recours à l'anonymat a été utilisé à plusieurs reprises. Il n'est nullement exagéré d'affirmer que 1994 et 1995 ont été des années « Sisyphe » par l'intensité de l'activité politique, et qu'elles ont permis aux acteurs politiques et médiatiques de mettre de l'avant les stratégies jugées les plus efficaces dans l'atteinte de leurs objectifs respectifs, tout en leur permettant de tenir compte des contraintes que chacun doit subir à l'intérieur de son système d'interaction.

La grille d'analyse a mené au repérage des thèmes abordés sous le couvert de l'anonymat, ainsi que du groupe d'appartenance des sources anonymes et des acteurs visés par leurs propos. La grille a aussi déterminé le groupe auquel était affiliée la source anonyme (parti au pouvoir, parti de l'Opposition, fonction publique, etc.) et trois catégories d'énoncés selon leur connotation positive (vanter, faire l'éloge, encenser, etc.), neutre (annoncer, rendre compte, analyser, expliquer, etc.) ou négative (mettre en doute, critiquer, dénoncer, désapprouver, etc.). Cette classification rejoint celle employée par Monière, dans un contexte de recherche différent, selon qui on « peut évaluer la neutralité ou l'orientation d'une nouvelle par l'analyse des connotations, c'est-à-dire en repérant les mots ou les phrases qui représentent un point de vue neutre, favorable ou défavorable à un parti » (1994 : 69-70).

Cette stratégie de recherche évite l'un des obstacles que peuvent rencontrer les méthodologies externes (enquête sur le terrain), soit la « barrière du secret » (Schlesinger, 1992 : 87). Et quiconque connaît quelque peu les courriéristes parlementaires sait qu'ils partagent une culture du secret parfois difficile à percer, surtout lorsque cela peut déboucher sur des résultats susceptibles d'être perçus comme négatifs par certains d'entre eux. En outre, la grille d'analyse évite l'une des limites de l'analyse de contenu signalée par Miller (1990 : 24), lequel soutenait que ces analyses sont souvent surtout quantitatives et ne tiennent pas compte de la longueur et de l'impact de l'article.

Une importante limite de l'analyse de contenu réside dans le fait qu'elle ne dit rien, ou presque, quant au processus de négociation qui a réellement eu lieu entre les journalistes et leurs sources d'information. Cette limite ne cause pas un problème insurmontable, puisque le modèle théorique retenu repose sur des recherches empiriques consacrées à ce processus de négociation, notamment celle de Charron (1994). Néanmoins, j'ai procédé à des entrevues avec cinq informateurs afin de leur donner l'occasion de s'exprimer sur les dimensions stratégiques de cette pratique. Cela a permis à ces acteurs de faire connaître les objectifs poursuivis, les ressources à leur disposition et leur façon d'en faire usage, ainsi que leur évaluation de cette pratique. Ces informateurs ont une longue expérience de la vie politique à l'Assemblée nationale du Québec. Les trois informateurs politiques ont été ministres pendant au moins un mandat et ont cumulé chacun au moins 20 ans d'expérience à l'Assemblée nationale du Québec, à titre d'élus ou de proches collaborateurs de ministres et de premiers ministres. Leur expérience de la dimension stratégique des relations avec les journalistes et de l'utilisation de l'anonymat est à cet effet des plus pertinente, comme nous pourrons le constater au prochain chapitre.

Il s'agit à ma connaissance du premier examen systématique du genre à être fait aussi bien au Québec qu'en Occident. L'abondante littérature scientifique consultée à propos des sources anonymes n'a jamais porté avec autant de précision sur le contenu des énoncés anonymes. Il s'agit d'un champ d'investigation vierge, ce qui a pour conséquence que les journalistes et les sources d'information pouvaient, jusqu'à ce jour du moins, avancer des arguments pour ou contre cette pratique journalistique sans toujours être en mesure de les appuyer sur une connaissance documentée du phénomène. Dans plusieurs cas, les positions respectives sont idéologiques ou stratégiques, mais le fondement objectif fait défaut.

Ma définition du compte rendu journalistique regroupe ce que les journalistes nomment la nouvelle et le reportage, la nouvelle étant un article qui rapporte les faits, où le journaliste effectue un travail de description sans inclure son opinion. Le reportage laisse davantage de place à la perception que le journaliste a des situations et des événements. La nouvelle s'impose généralement au journaliste, le reportage est souvent le fruit d'une initiative du journaliste (De Bonville, 1995 : 203-204). Cela écarte du corpus les commentaires, les billets, les analyses, les opinions, les critiques et les éditoriaux.

Une pratique courante

L'analyse des articles a permis de relever 5 303 énoncés partagés en énoncés identifiés (n = 4 852) et en énoncés anonymes (n = 451). Ce sont ces derniers qui retiennent mon attention. Les journalistes étudiés ne présentent pas un profil identique en matière de recours aux sources anonymes comme le révèle ce tableau des fréquences observées.

Le tableau 2 indique clairement que le recours aux sources anonymes n'est pas une pratique d'exception pour la plupart des courriéristes de la presse parlementaire de l'Assemblée nationale du Québec. Il suffit de constater la présence de taux de 28 % ou de 35 %, et surtout le cas de J6 dont l'analyse révèle que plus de 57 % des articles contiennent au moins une source anonyme.

Signalons immédiatement que J6 est un cas à part qui se distingue nettement des autres courriéristes en matière de recours aux sources anonymes. Sa production de comptes rendus contenant au moins un énoncé anonyme repré-

Tableau 2
Fréquence des articles avec des sources anonymes

Journaliste	Articles analysés	Articles avec sources anonymes	Proportion (%)
J1	58	10	17
J2	47	13	28
J3	67	16	23,5
J4	109	26	24
J5	6	0	0
J6	138	79	57
J7	74	15	20
J8	26	9	35
J9	90	7	8
J10	27	7	26
	642	182	28,3

sente 43 % du corpus (79/182). Il faudra toujours tenir compte de l'importance de ce journaliste dans l'évaluation globale de cette pratique chez les courriéristes parlementaires de l'Assemblée nationale du Québec, mais cela ne change rien quant à la validité du modèle théorique puisque ce courriériste réussit à se distinguer de ses collègues de façon telle qu'il est parfois l'objet de commentaires à connotation négative de la part de mes informateurs qui reconnaissent toutefois qu'il travaille énormément pour obtenir ces résultats. Par ailleurs, notons que seul J9 situe sous la barre des 10 %, si on omet le cas de J5 qui n'a produit que quelques comptes rendus avant de se consacrer à des genres journalistiques autres que le compte rendu.

Afin d'offrir un portrait un peu plus complet, on peut aussi comparer les journalistes en fonction du nombre total d'énoncés identifiés et du nombre d'énoncés anonymes que chacun a publiés, tout en rappelant leur production totale de comptes rendus et la proportion d'articles contenant au moins une source anonyme.

Tableau 3

**Production de comptes rendus
et totaux des énoncés anonymes et identifiés selon les courriéristes**

Journaliste	Total articles	Articles avec sources anonymes	%	Total énoncés	Énoncés anonymes	%
J1	58	10	17	576	21	4
J2	47	13	28	356	36	10
J3	67	16	23	511	30	6
J4	109	26	24	757	51	6,7
J5	6	0	0	71	0	0
J6	138	79	57	1200	243	20
J7	74	15	20	663	27	4
J8	26	9	35	172	16	9
J9	90	7	8	779	8	0,1
J10	27	7	26	218	19	9

Encore une fois, J6 se démarque en présentant à lui seul davantage d'énoncés anonymes que l'ensemble de ses collègues (243 contre 208) alors qu'il compte à son crédit 79 des 182 articles contenant des énoncés provenant de sources anonymes. En mettant à part l'exception que constitue J5, on observe que la proportion des énoncés anonymes est dans tous les cas plusieurs fois moins élevée que la proportion de textes contenant des articles anonymes. Cela laisse croire que les courriéristes parlementaires ont peu de réserve à accorder l'anonymat à une source d'information, mais préfèrent ne pas lui accorder trop d'espace dans les comptes rendus. Ajoutons que les sources anonymes ont, quantitativement parlant, une importance secondaire dans les articles où on les retrouve, comme en témoigne le fait que le nombre d'énoncés qui leur est attribué est moins élevé que le nombre d'énoncés provenant de sources identifiés. Du reste, mes informateurs ont insisté pour dire que les sources anonymes servent surtout à les aider à compléter des nouvelles, à y ajouter des informations pertinentes, ce qui explique aussi que les énoncés anonymes sont beaucoup moins nombreux que les énoncés identifiés.

Le tableau 3 indique cependant que le recours aux sources anonymes est employé par l'ensemble des courriéristes qui parviennent par cette tactique à se distinguer les uns des autres, bien que cela se produise à des moments différents et dans des proportions variables. À la limite, et mis à part J5, on pourrait avancer que seul J9 fait preuve d'une retenue certaine aussi bien en ce qui concerne la proportion de comptes rendus contenant au moins une source anonyme (7,7 %) que la place que ces énoncés anonymes prennent dans ses comptes rendus (seulement 8 énoncés anonymes pour 779 énoncés identifiés).

On peut attribuer les différences qui existent entre les courriéristes parlementaires à des calculs stratégiques individuels, d'autant plus que des journalistes qui travaillent pour le même quotidien adoptent des comportements différents lorsqu'ils recourent aux sources anonymes. Peut-être la présence d'autres collègues du même média permet-elle à certains courriéristes de se consacrer à la recherche d'informations exclusives parce que la couverture de base est assurée, comme l'a noté Charron, en observant que l'ampleur des ressources à la disposition des journalistes de la part de son média (nombre de journalistes sur la colline parlementaire, par exemple) favorise la distinction, la « conformité » avec les autres médias étant assurée (1994 : 277). Ce qui expliquerait pourquoi J9 (qui était alors seul pour assurer la couverture quotidienne de l'actualité politique) devait s'employer surtout à la conformité et moins à la distinction que permet le recours aux sources anonymes.

La page des comptes rendus

Comme le corpus était constitué de trois quotidiens de grand format, lesquels regroupent des cahiers, notons simplement que les articles des courriéristes parlementaires se retrouvent surtout dans les pages A4 (n = 50) et A5 (n = 23) pour *Le Devoir*, dans les pages A4 (n = 93) et A5 (n = 39) pour *Le Soleil*, et aux pages B1 (n = 160) et B4 (n = 39) pour *La Presse*. Au *Devoir* seul le cahier A est destiné aux informations politiques. Au *Soleil* on privilégie nettement les pages A4 et A5, mais on distribue des articles dans d'autres pages des cahiers A et B. À *La Presse* la page B1 est clairement réservée aux articles provenant des courriéristes parlementaires, puisque 160 articles y figurent, soit 56,1 % des 285 articles de ce quotidien de Montréal. Mais ce journal privilégie également les pages B4, B5 et B6 pour ses nouvelles de l'Assemblée nationale du Québec.

Un croisement statistique révèle cependant que les comptes rendus contenant des sources anonymes sont, proportionnellement parlant, davantage visibles dans les pages les plus valorisées par les journalistes (A1, B1) que dans les pages intérieures du journal. Le graphique suivant illustre bien le poids que peut avoir le recours aux sources anonymes pour les courriéristes et les entreprises de presse qui cherchent à se distinguer de la concurrence, et comment il est possible de mettre en valeur les informations obtenues. On constate que les articles plus officiels, sans sources anonymes, sont publiés surtout dans les pages intérieures, alors que les articles avec sources anonymes, qui contiennent bien souvent des informations exclusives, ont droit aux meilleures places.

Graphique 1
Mise en valeur des comptes rendus avec des sources anonymes

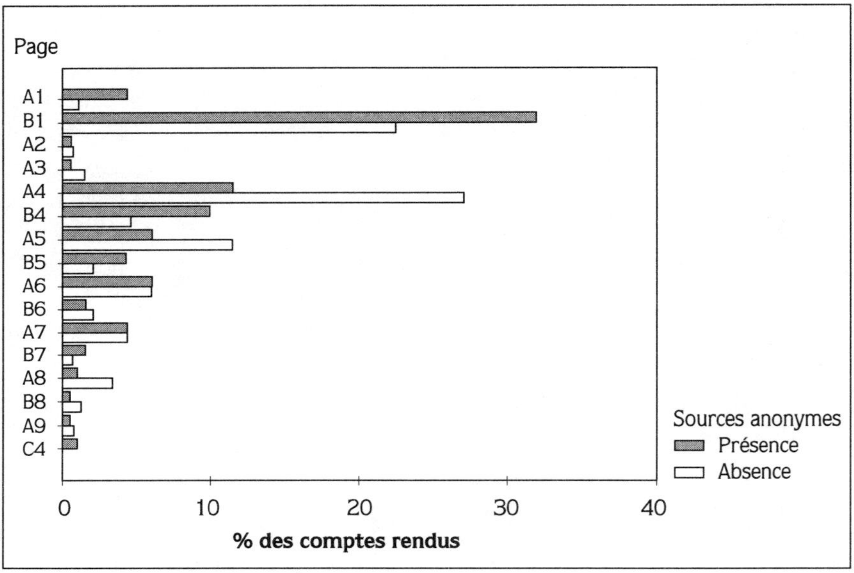

Les énoncés identifiés et les énoncés anonymes

On a déjà vu que le corpus comportait des énoncés identifiés (n = 4 852) et des énoncés anonymes (n = 451), pour un total de 5 303 énoncés recensés. Notons que 45 comptes rendus ne contiennent aucun énoncé identifié et 460 ne contiennent aucun énoncé anonyme. En poussant l'analyse, on observe que la grande majorité des comptes rendus contient moins de 10 énoncés identifiés ou anonymes. Les articles contenant moins de six énoncés anonymes constituent 98 % de l'ensemble des articles dans lesquels on trouve de tels énoncés.

Cela laisse croire à nouveau que les courriéristes parlementaires sont intéressés à accorder l'anonymat à une source, mais qu'ils ne sont pas enclins à laisser ces sources fantômes imprégner trop largement leurs comptes rendus, les sources anonymes servant surtout à fournir des informations d'appoint ou secondaires. Par exemple, dans un compte rendu traitant d'une controverse quant à la participation du député péquiste Bernard Landry et du député libéral

Michel Pagé à une cérémonie organisée quelques années auparavant en l'honneur de Moncef Guitouni — une personnalité politique qui s'est retrouvée sur la sellette à l'été 1994 —, J6 produit neuf énoncés identifiés traitant directement des relations des deux députés de l'Assemblée nationale ou de leur formation politique avec Guitouni, mais intègre un énoncé anonyme qui se limite à dire que ce dernier «compte quelques amis parmi les dirigeants du gouvernement autoritaire de Tunisie, [ce qu']indiquent des sources fédérales».

Dans un autre cas, J4 consacre un article aux vidéopokers illégaux et au fait que Revenu Québec exigeait des cotisations de 94,7 millions de dollars aux propriétaires de tels appareils et aux tenanciers des établissements où des appareils ont été saisis. Après avoir cité des porte-parole identifiés du gouvernement et de la Corporation des propriétaires de bars, de brasseries et de tavernes du Québec, J4 se tourne vers la Sûreté du Québec dont un «porte-parole» anonyme confirme que l'opération policière visant à éliminer les appareils illégaux «bat son plein», malgré les démarches judiciaires des propriétaires de vidéopokers. Ces deux exemples typiques illustrent l'utilité du recours aux sources anonymes qui procurent des informations supplémentaires, bien que secondaires, qui enrichiront les comptes rendus des courriéristes et permettront à ces derniers de se démarquer.

Groupe d'acteurs des sources anonymes

L'analyse du corpus a permis de déterminer, dans un grand nombre d'articles, à quel groupe d'acteurs appartenait la source anonyme et cela grâce aux indications des courriéristes, qu'il s'agisse d'indications explicites («un stratège péquiste», «dans l'entourage du premier ministre», «un membre du gouvernement», etc.), ou bien d'indices indirects qui émanaient de la lecture de l'article. Voici quelques exemples d'énoncés où il était possible d'identifier le groupe d'appartenance des sources anonymes :

> «[...] des hauts fonctionnaires estiment que le "momentum" est à son zénith pour la création d'un centre des opérations financières.»

> «Par ailleurs, dans les milieux libéraux, on soulignait hier que le chef conservateur Jean Charest n'était pas aussi désintéressé qu'il le prétend du leadership libéral provincial.»

> «D'autres péquistes, en coulisse, ne cachent pas leur inquiétude en constatant que les 25-34 ans favorisent nettement le NON pour un deuxième sondage d'affilée. [...] Dans la strate des 34-44 ans, en revanche, le OUI a une nette avance, comme "si la souveraineté n'était portée que par une génération, les baby-boomers", craint-on.»

Les courriéristes parlementaires font parfois preuve d'imagination quand ils consentent à décrire leurs sources anonymes. Pourtant, c'est loin d'être toujours le cas, puisqu'il a été impossible de déterminer avec précision à quel groupe d'acteurs on pouvait associer les sources d'informations reliées à 119 énoncés anonymes, soit 26,4 % du total. On peut soutenir, et sans doute déplorer, que pour plus du quart de ces énoncés il était impossible au lecteur — à tout le moins pour celui qui n'est ni un acteur politique ni un acteur médiatique impliqué dans la production de l'actualité parlementaire — de savoir quels intérêts partisans pouvaient défendre les sources anonymes. Voici quelques exemples qui illustrent les difficultés que rencontrent quotidiennement les lecteurs intéressés par l'actualité politique :

> À propos des nominations prévues mais paralysées au moment du transfert du pouvoir entre libéraux et péquistes : « On ignore combien de nominations sont demeurées "dans la machine". Selon certaines informations, une quinzaine de personnes s'attendent à être nommées. »

> « En fait, selon le scénario le plus récent qui circule, l'élection ne serait pas déclenchée mercredi prochain parce que, en vertu de la loi électorale, le scrutin se déroulerait alors le mardi 6 septembre, après le long week-end de la Fête du Travail. »

> En parlant d'une signature de coopération technologique entre le Massachusetts et le Québec : « Cette signature devra être reportée à juillet, probablement au Québec, on [sic] indiqué à La Presse, des sources québécoises aux États-Unis. »

Dans le premier exemple, la source peut être tout aussi bien libérale que péquiste alors que, dans le second exemple, il est impossible de savoir si ce sont des sources libérales, péquistes, administratives ou même journalistiques qui font circuler le « scénario le plus récent ». Le troisième exemple fait référence à des sources québécoises qui peuvent être tout aussi bien politiques qu'administratives puisque le dossier impliquait Hydro-Québec. Bob Woodward, journaliste devenu célèbre par le rôle qu'il a joué dans le scandale du Watergate, est d'avis que les journalistes indiquent rarement le groupe d'affiliation de leurs sources anonymes pour éviter que ces dernières ne soient rapidement identifiées par leur propre organisation à la suite d'enquêtes internes (Public Broadcasting System, 1998a : 3).

Le tableau suivant fait état des groupes d'appartenance des sources à l'origine des 451 énoncés anonymes du corpus.

Tableau 4
**Fréquence des énoncés anonymes
selon le groupe d'appartenance des sources anonymes**

Groupe d'appartenance des sources anonymes	Nombre d'énoncés anonymes	Proportion des énoncés anonymes (%)
Représentants du parti politique au pouvoir	208	46
Représentants de partis d'opposition	39	9
Représentants de l'administration publique	35	7,3
Représentants des autres gouvernements provinciaux	0	0
Sources fédérales	10	2
Représentants de groupes d'intérêts, d'associations et de citoyens	34	8
Journalistes, médias, analystes, etc.	2	0,2
Experts, sondeurs, avocats, etc.	4	1
Appartenance non déterminée	119	26
	451	100

La première remarque qu'inspire ce tableau porte sur le nombre impressionnant de sources dont le groupe d'appartenance est le parti politique au pouvoir. Nous verrons plus loin que ces sources politiques d'affiliation gouvernementale profitent de l'anonymat pour communiquer avant tout des informations qui ne sont ni favorables ni défavorables à leur groupe d'appartenance — sur le plan normatif ou moral, du moins —, mais plutôt pour annoncer, spéculer, expliquer ou dévoiler les intentions et les décisions de leur propre groupe d'appartenance. Cela est compatible aussi bien avec les commentaires et observations exprimés par mes informateurs des milieux politique et journalistique qu'avec mon expérience professionnelle qui m'a souvent mis en relation avec des sources qui désiraient modifier le jeu politique du moment, en tentant de court-circuiter les autres acteurs impliqués ou pour préparer l'opinion publique à certaines annonces.

Dans la même veine, Peyrefitte raconte que le général de Gaulle lui avait permis de « distiller à dose homéopathique » ses confidences : « Il jouait avec les fuites qu'il m'autorisait à faire. C'étaient autant de ballons d'essai. Il voyait ensuite comment ajuster son texte pour éviter de trop gros remous. C'est ainsi qu'il transformait en auxiliaires de son action son porte-parole, les journalistes à travers celui-ci, et le public à travers les journalistes » (Peyrefitte, 1994a : 161). Plus loin, il revient sur sa méthode des « fuites préalables », qui « ne diminue pas le suspense, elle l'augmente, tout en offrant quelques chances d'émousser l'indignation, non, certes, des commentateurs, mais du public, qui se dit : "On le savait déjà" » (p. 521). Il croit même que cette tactique aurait été utile pour éviter le traumatisme ressenti par certains lors du célèbre « Vive le Québec libre ! » que le général lança du haut du balcon de l'hôtel de ville de Montréal : « Il m'est arrivé plus tard de penser que la même méthode, appliquée quelques semaines avant son voyage de juillet 1967 au Québec, aurait pu éviter, sinon les remous de la presse d'outre-Manche et outre-Atlantique, du moins que le presse française fasse aussi massivement chorus » (p. 521).

La seconde remarque a trait bien entendu au grand nombre de sources dont il a été impossible de déterminer le groupe d'appartenance (n = 119) ; ce qui indique que les courriéristes parlementaires négligent d'informer leur public à cet effet dans plus de 26,4 % des énoncés anonymes. Ce constat suggère que le public a une importance secondaire dans les préoccupations des journalistes lorsqu'ils se situent dans une perspective de distinction orientée principalement vers les autres courriéristes et leurs sources d'information politique. Bill Kovach, qui a lui aussi observé l'impact de la concurrence comme facteur stimulant du recours aux sources fantômes, est d'avis que la pression pour produire de la nouvelle est si forte que ce sont maintenant les sources qui ont l'avantage dans leurs tractations avec les journalistes. Il recommande à ces derniers de se souvenir qu'ils travaillent pour le public, ce qui devrait les aider à demeurer en bonne position de négociation, notamment pour convaincre les sources anonymes de la nécessité de mieux les décrire, à défaut de pouvoir les identifier (Hoyt, 1999 : 2).

Néanmoins, mes informateurs politiques et journalistiques estiment que le public gagne lui aussi à ce jeu parce que l'anonymat permet et facilite la publication d'informations pertinentes et d'intérêt public. Un journaliste de PBS, Terence Smith, abonde dans le même sens et ajoute que c'est parfois la seule façon qu'ont les médias de rapporter ce qu'ils ont appris de gens ne voulant pas être identifiés (Public Broadcasting System, 1998b : 1).

Par ailleurs, dans la grande majorité des énoncés anonymes, les courriéristes décrivent partiellement leurs sources d'information, ce qui permet de constater que certains groupes d'acteurs sont nettement plus prisés que d'autres. Ainsi, les courriéristes J1, J3, J6 et J7 dépendent de représentants du parti politique au pouvoir pour la majorité ou la plus grande proportion des énoncés anonymes qu'ils ont publiés. D'autres courriéristes accordent l'anonymat à des sources provenant d'autres groupes d'acteurs, tel J10 qui se démarque en rapportant les propos de représentants des partis d'opposition, tandis que son collègue J4 fait de même avec des représentants de l'administration publique. De façon générale, on peut dire que les courriéristes préfèrent généralement aller là où l'information est la plus abondante (pouvoirs exécutif et administratif, groupes d'intérêts), alors que l'Opposition est délaissée malgré sa présence physique et ses ressources importantes. Il est pertinent d'ajouter que les sources politiques de l'opposition ont intérêt à jouir davantage de la publicité que de l'anonymat, ce qui modifie leur stratégie à l'égard des courriéristes. Nous verrons plus loin, au moment de dresser un profil stratégique de chaque courriériste, comment ceux-ci se distinguent les uns des autres sur plusieurs variables, dont la provenance de leurs sources anonymes.

La nature et la connotation des actes de parole

J'ai aussi tenu compte de ce que j'ai nommé la « nature de l'acte de parole ». Il s'agit essentiellement de déterminer la connotation (positive, neutre ou négative) des actes de parole des sources d'information qui peuvent jouir de l'anonymat aussi bien pour vanter des adversaires politiques que pour annoncer ou spéculer sur les décisions de leurs propres collègues, ou encore pour dénoncer certaines personnes et certains comportements. Progressivement, nous verrons comment s'expriment les sources anonymes, à quel propos (les thèmes abordés) et au sujet de qui (le groupe d'appartenance des acteurs visés).

Le plus souvent les énoncés des sources anonymes sont à connotation neutre sur le plan normatif. Mais cela n'en affecte aucunement la valeur stratégique aussi bien pour les sources, qui peuvent ainsi atteindre des objectifs particuliers, que pour les courriéristes parlementaires qui peuvent produire des comptes rendus dont des informations ne sont pas encore disponibles sur *le marché public*. L'analyse de contenu révèle que *rapporter*, *supputer*, *spéculer*, *analyser*, *expliquer*, *annoncer* ou *dévoiler* sont les principaux actes de parole neutres qui caractérisent 81 % des énoncés anonymes de l'échantillon.

Le tableau 5 est éloquent à trois égards. Premièrement, et contrairement à ce qu'on pourrait croire *a priori*, il indique que les paroles prononcées sous le couvert de l'anonymat par les sources d'information des courriéristes parlementaires sont de nature critique, ou à connotation négative, dans seulement 14 % des cas. Si bien qu'on peut croire que les insatisfaits ne sont pas très présents sur le *marché noir* de l'information critique. Sans doute se manifestent-ils autrement que par les attaques et les critiques anonymes : par exemple, ils dévoilent à l'avance une stratégie gouvernementale ou partisane avec laquelle ils

Tableau 5
Fréquence des actes de parole (connotation)

Énoncés	Nombre	%
Positifs	20	4
Neutres	365	81
Négatifs	64	14
Indéterminés	2	0,4
	451	100

ne sont pas d'accord, en espérant la faire dérailler, comme l'ont suggéré mes informateurs du milieu politique. Voyons tout de même quelques exemples d'énoncés anonymes critiques :

> « Cette source trouve "dégoûtantes" ces attaques et estime que M. Lafrance est une "charogne qui n'a sûrement pas travaillé pour la patrie". »

> À propos d'études de l'Institut C.D. Howe sur les conséquences de la souveraineté : « Il n'en reste pas moins que ces études, au yeux de nombreux observateurs, ne semblent offrir qu'un côté de la médaille. Les auteurs ne sont guère reconnus pour leurs sympathies souverainistes. »

> Dans le cadre de la campagne référendaire de 1995, des députés péquistes mettent en doute la capacité de Parizeau de les conduire à la victoire : « Selon les informations du *Soleil*, la révolte a gagné les 16 délégués régionaux la semaine dernière et c'est de là qu'est venu le signal. Au cours de leur conférence téléphonique quotidienne, les délégués régionaux ont constaté qu'ils ne pouvaient gagner avec leur chef et exigé l'entrée en scène de M. Bouchard. »

Deuxièmement, on constate avec une certaine surprise que des énoncés à connotation positive (4 %), tels *vanter, se porter à la défense de* ou *attribuer le mérite à* sont communiqués à des courriéristes sous le couvert de l'anonymat. Voici trois exemples de tels énoncés positifs :

> « Dans le clan Johnson, on tient en très haute estime la campagne électorale qu'a menée, l'automne dernier, le Parti libéral de Jean Chrétien. »

> « Un des acteurs principaux dans cette affaire, qui refuse d'être identifié pour le moment, s'est porté à la défense de M. Laliberté, "qui a travaillé jusqu'à la fin pour ramasser toutes les données". »

> À la suite de l'entrée en scène de Bouchard lors de la campagne référendaire de 1995, nommé négociateur en chef d'un éventuel partenariat avec le Canada : « Sur la tournée du OUI la réaction a été immédiate et on a senti au cours des derniers

jours une fièvre, une soif de gagner. Des organisateurs péquistes soutiennent que cette nomination a eu de l'effet et rallie une majorité de Québécois de tous les horizons politiques, ce qui aurait fait bouger le OUI dans les intentions de vote. »

On perçoit assez facilement que, même dans le cas d'affirmations à connotation positive, il peut être avantageux de demeurer anonyme. Dans le premier exemple, on cherche peut-être à éviter de donner l'impression d'être inféodé au Parti libéral du Canada, surtout si la source d'information est un proche de Johnson, car cela pourrait froisser certains électeurs libéraux de tendance nationaliste ou alimenter les attaques des péquistes. Dans le second, on laisse entendre que l'opinion de la source anonyme à propos de Laliberté est de nature professionnelle, alors qu'il existe peut-être des liens d'amitié profonds entre ces deux individus. Dans le troisième, il semble que des sources non autorisées à parler aux médias ont pu faire passer un message apte à stimuler les troupes, sans risquer de devoir justifier leur enthousiasme si les sondages publics ne confirment pas leurs propos. Il est possible que certains énoncés positifs soient plus crédibles, s'ils sont attribués à des sources anonymes plutôt qu'à des partisans avoués et identifiés. Le fait qu'on en soit réduit à spéculer sur les avantages stratégiques des sources anonymes politiques est tout de même révélateur de l'incertitude dans laquelle est plongé le lecteur prenant connaissance de tels énoncés qui n'ont sans doute pas la valeur informative la plus évidente.

Troisièmement, les énoncés à connotation neutre constituent près de 81 % de tous les actes de parole de l'échantillon, ce qui est compatible avec les renseignements de mes informateurs qui y voient surtout un procédé intéressant de diffusion d'informations pertinentes, rarement partisanes ou dommageables pour les individus et les groupes politiques en cause. Par ailleurs, l'importance des actes de parole que sont l'*analyse* et l'*explication* suggère que les courriéristes ont besoin de ce genre d'informations pour contextualiser des événements politiques et, ne pouvant le faire eux-mêmes dans leur compte rendu, ils font appel à des sources impliquées dans les dossiers afin qu'elles leur fournissent ce contexte. Il est cependant difficile de savoir dans quelle mesure ces sources sont ou ne sont pas autorisées à parler aux journalistes, car certains de mes informateurs ont déclaré qu'il arrive qu'elles soient déléguées et « dédouanées », qu'elles évoluent dans la sphère administrative ou politique, pour parler aux médias sous le couvert de l'anonymat. En somme, le recours aux sources anonymes n'est pas toujours une stratégie efficace pour le journaliste qui croit échapper ainsi à son rôle de courroie de transmission de l'information officielle...

Les thèmes abordés

Cette variable permet de connaître les thèmes abordés par les sources anonymes des courriéristes de l'Assemblée nationale du Québec. J'ai recensé 38 thèmes, mais certains reviennent décidément beaucoup plus fréquemment que d'autres. L'analyse révèle que les *décisions*, les *intentions* et les *stratégies* sont les principaux thèmes des énoncés anonymes, puisqu'ils regroupent près de 50 % des enjeux recensés lors de l'analyse de contenu.

Une analyse de données plus détaillée met en évidence le fait que les courriéristes J6 et J4 s'intéressent davantage aux *décisions*, alors que J1, J7 et J8 s'attardent aux *intentions* et que J10 insiste sur les *stratégies*. De toute évidence, c'est la catégorie des thèmes relatifs à la gestion politique qui l'emporte avec 342 énoncés anonymes (75,9 % du corpus), suivie de loin par les thèmes relatifs aux propriétés et attributs des acteurs individuels et collectifs avec 61 énoncés anonymes (13,5 % du corpus), tandis que 38 énoncés anonymes portent sur les thèmes des perceptions et évaluations (8,4 % du corpus) et que les thèmes reliés aux activités de promotion et de propagande ferment la marche avec seulement 7 énoncés anonymes (1,5 % du corpus)[2].

Ces résultats confirment que les courriéristes retiennent surtout les informations de nature politique, alors que les informations à caractère plus personnel, sur des individus ou des groupes d'individus (comme les *séparatistes* et les *fédéralistes*, par exemple, ou encore *le premier ministre*, le *chef de l'Opposition*), représentent moins de 14 % des énoncés anonymes. L'intérêt des journalistes pour la chose politique se manifeste d'abord et avant tout dans quatre thèmes qui accaparent 54,6 % de tous les énoncés anonymes, soit les *décisions*, les *intentions*, les *stratégies* et les *positions* des acteurs visés par ces énoncés, des acteurs du gouvernement la majorité du temps, comme nous le verrons plus loin.

Il semble donc que le recours aux sources anonymes soit le prolongement de la couverture régulière et officielle des activités politiques de l'Assemblée nationale du Québec, par une tactique particulière, et non un moyen d'exception visant à publier des informations différentes de la couverture quotidienne (scandales, attaques *ad hominem*, dénonciations, cas de corruption, etc.). L'objectif des courriéristes qui accordent l'anonymat à leurs sources d'information n'est pas tant de dénoncer des scandales, de mettre au jour certaines aberrations administratives et politiques, ou encore de diffuser des informations dommageables pour la réputation des acteurs politiques, mais bien de publier davantage d'informations qu'il aurait été possible de le faire en respectant intégralement la

---

2. Le lecteur désireux d'aller plus avant dans ces distinctions peut se référer à la thèse originale.

contrainte de la règle déontologique qui prescrit l'identification des sources d'information.

Rien ne laisse croire que les sources d'information anonymes soient tentées de profiter de ce privilège pour diffuser des informations dommageables pour les individus, du moins à partir de mon poste d'observation. Nous verrons plus loin que mes informateurs politiques ont souvent des objectifs stratégiques modestes quand ils s'expriment sous le couvert de l'anonymat, bien que ces objectifs soient déterminants parfois ou soient perçus comme tels, notamment lorsque c'est le *leadership* d'un chef qui est en cause.

Les acteurs visés

Dans plus de 60 % des cas, les membres du gouvernement sont visés par les énoncés anonymes. Ce groupe est suivi de loin par les représentants de groupes d'intérêts, d'associations et de citoyens (12 %), ainsi que par les représentants des partis d'opposition (8 %) et de l'administration publique (7 %).

Ainsi, s'il est un groupe d'acteurs qui accapare l'attention des courriéristes parlementaires, c'est bien le groupe assumant la gouverne de l'État, ce qui n'a rien d'étonnant, puisque telle est la justification de la présence de journalistes à l'Assemblée nationale du Québec. Non seulement les journalistes consacrent-ils l'essentiel de leurs efforts à couvrir, analyser et rapporter les événements dépendant des décideurs politiques, mais les autres groupes d'acteurs (politiques, administratifs, syndicaux, etc.) font également l'objet de leurs interventions publiques et anonymes.

On observe que les représentants des groupes d'intérêts, d'associations et de citoyens arrivent en second lieu au chapitre des acteurs visés par les énoncés anonymes. On aurait pourtant pu croire que les sources anonymes des courriéristes parlementaires se seraient également intéressées aux membres de l'opposition ou de l'administration publique, encore plus dans des contextes d'élections provinciales et de référendums pour les uns, de mesures budgétaires visant à « dégraisser » la fonction publique pour les autres. Cela s'explique en grande partie par le fait que les sources anonymes — qui sont presque toujours affiliées au parti politique au pouvoir, comme nous l'avons vu — réagissent plus fortement aux prises de position, aux déclarations et aux revendications des groupes sociaux qu'à celles des membres de l'opposition. Ainsi, même sous le couvert de l'anonymat, les sources anonymes gouvernementales *dialoguent* davantage avec les groupes d'intérêts, les associations et les groupes de citoyens qu'avec les membres de l'opposition. Les sources gouvernementales savent que le soutien qui compte, c'est celui de l'électorat, tout comme elles considèrent très souvent inutile toute tentative de persuader ou de convaincre l'opposition officielle.

En comparant le groupe d'appartenance des sources fantômes avec le groupe d'appartenance de ceux qui sont visés par les énoncés anonymes, on constate que les acteurs du parti politique au pouvoir sont visés plus souvent qu'ils ne sont les sources de ces énoncés. Mais cette comparaison peut être trompeuse compte tenu de la grande proportion de sources anonymes dont il a été impossible de déterminer le groupe d'appartenance. Cependant, une répartition proportionnelle de ces sources anonymes d'affiliation indéterminée parmi les catégories d'acteurs déjà utilisées « corrigerait » la situation, si on se base sur l'hypothèse réaliste que les groupes d'acteurs anonymes y sont présents dans les mêmes proportions que lorsqu'il est possible d'identifier leur groupe d'appartenance.

Selon cette répartition, le groupe d'acteurs anonymes du parti politique au pouvoir serait à l'origine d'environ 40 % des 119 énoncés anonymes de provenance indéterminée dont fait état le prochain graphique. Il n'est pas exagéré de dire que l'étude du recours aux sources anonymes permet d'observer un phénomène d'*autocommunication de groupe* où des acteurs politiques prennent la parole pour communiquer des informations anonymes concernant surtout leur propre groupe d'appartenance ! Ce phénomène sera analysé plus en détail dans le prochain chapitre.

Graphique 2

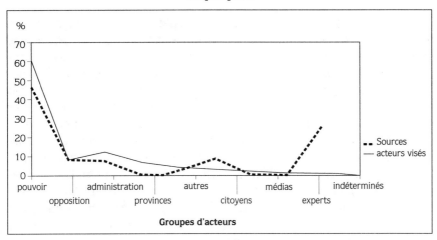

Les expressions utilisées

Il arrive que les courriéristes parlementaires décrivent partiellement leurs sources d'information, mais la règle semble plutôt être l'absence de telles descriptions. En effet, les courriéristes parlementaires de l'Assemblée nationale du Québec décrivent peu les sources fantômes qui hantent leurs comptes rendus, ce qui permet rarement au public de se faire une idée des qualifications ou des intérêts de la source d'information. Le moyen le plus courant est l'utilisation du pronom personnel indéfini « on », qui désigne d'une manière indéterminée (« nous dit-on, a-t-on appris, on laisse entendre », etc.). J'ai déjà souligné que, dans un grand nombre de cas (n = 50), le journaliste a évité toute description, aussi minimale soit-elle, de sa source d'information, ou encore il s'est contenté d'évoquer sa méthode de collecte d'informations (selon des informations obtenues, glanées, colligées, etc.), ce qui ne dit rien des qualifications et des intérêts de ses sources d'information anonymes. Il est vraisemblable que les courriéristes parlementaires limitent volontairement l'utilisation de telles expressions afin d'éviter que d'autres acteurs puissent facilement identifier la source dont ils rapportent les propos. Paradoxalement, mes informateurs politiques ont déclaré qu'ils étaient fréquemment en mesure de dire qui était la source anonyme associée à une information, mais que cette dernière était tout de même à l'abri de représailles parce qu'il subsistait un doute, ce qui ne la rendait pas moins sujette à la méfiance pour autant.

La (non) justification de l'anonymat

La grille d'analyse a permis de recenser les justifications que les courriéristes parlementaires fournissent pour transgresser la règle déontologique voulant que les journalistes identifient leurs sources afin que le public soit mieux informé des intérêts et des compétences de ceux qui s'expriment dans les comptes rendus. Par « justifications », j'entends des propositions du type « Une source qui n'est pas autorisée à parler aux médias », « Une source qui craint pour son emploi si elle est identifiée », etc. En somme, il fallait savoir de quelle façon les journalistes communiquent à leur public leurs motifs pour accorder l'anonymat. Mais cette forme de justification est totalement absente du corpus. Aucun des courriéristes parlementaires de l'étude n'a fourni une telle justification pour les 451 énoncés anonymes de l'échantillon. Cela laisse croire que les courriéristes sont davantage préoccupés par les contraintes de leurs sources d'information que par l'intérêt de leur public à en apprendre davantage sur ceux dont on rapporte les propos, ce qui est compatible avec l'absence répétée de description des sources anonymes et du groupe d'affiliation de ces dernières. On peut aussi penser que les courriéristes estiment mieux remplir leur mandat d'informateur public en omettant ces détails au profit d'informations plus pertinentes, de leur point de vue en tout cas. Il se peut aussi, finalement, que ces motifs soient si évidents à leurs yeux qu'ils ne sentent pas le besoin de les communiquer au public.

Présence de points de vue opposés ou différents

J'ai aussi voulu savoir si les sources anonymes jouissaient du privilège de pouvoir exprimer leur point de vue sans que celui-ci ne soit confronté à des énoncés opposés ou différents. Ces énoncés opposés ou différents peuvent être attribués à d'autres sources identifiées ou anonymes, ou encore venir du journaliste lui-même par la mise en contexte ou le rappel de déclarations passées. À cet égard, mon analyse indique que les 451 énoncés provenant de sources anonymes se retrouvent rarement en présence d'énoncés opposés ou différents dans les comptes rendus journalistiques contenant au moins une source anonyme. Pour ce qui en est des énoncés identifiés, j'ai limité l'analyse à un jugement global pour chaque compte rendu. La comparaison est donc imparfaite et ne vise qu'à mettre en valeur la *prime d'exclusivité relative* liée à l'anonymat. Le tableau suivant illustre le phénomène observé.

Tableau 6
Fréquence des points de vue opposés ou différents

Points de vue différents ou opposés	Énoncés anonymes	Articles avec au moins une source anonyme	Articles avec sources anonymes et sources identifiées	Articles avec sources identifiées seulement
Présents	98 (22 %)	64 (35 %)	71 (47 %)	212 (47 %)
Absents	353 (78 %)	118 (65 %)	80 (53 %)	234 (53 %)
Total	451 (100 %)	182 (100 %)	151 (100 %)	446 (100 %)

Note : certains articles ne contiennent aucun énoncé anonyme ou identifié et d'autres contiennent les deux types, ou seulement un de ces deux types. Cela explique la différence dans les totaux qui ne donnent pas toujours 642 articles.

Cette *prime d'exclusivité relative* est probablement entraînée par le fait que la très grande majorité des énoncés anonymes proviennent d'entrevues individuelles avec des sources, tandis qu'un grand nombre d'énoncés identifiés proviennent de conférences de presse, de points de presse et d'échanges des parlementaires lors de la période des questions ou des diverses commissions parlementaires. Il est donc plus facile pour le journaliste d'inclure des points de vue opposés dans le compte rendu d'un événement conflictuel impliquant activement au moins deux acteurs opposés, comme la période des questions ou les réactions à des déclarations officielles, que dans un compte rendu basé sur une entrevue individuelle avec une source anonyme.

Ajoutons que les journalistes qui assistent à un même événement public savent que, pour se distinguer des autres, il sera pertinent et préférable de se mettre en quête de points du vue différents de ceux exprimés en public, alors que ce besoin est moins pressant dans le cas d'entrevues individuelles avec des sources qui jouiront de l'anonymat, puisque l'information que le journaliste en retire porte déjà un sceau d'exclusivité. Ainsi, lorsque l'occasion se présente, comme c'est le cas avec l'accès aux informations provenant de sources qui jouiront de l'anonymat, la recherche de la distinction par l'exclusivité semble prendre le pas sur la recherche de l'équilibre des points de vue prescrite par les normes institutionnelles et professionnelles. La source anonyme pourrait donc jouir d'une *prime d'exclusivité relative* en fonction de laquelle ses affirmations seraient moins contestées ou « contaminées » par des affirmations différentes ou contraires.

Il importe de préciser que cette dimension stratégique liée à l'anonymat ne semble pas préoccuper les sources d'information, du moins selon mes informateurs politiques qui m'ont assuré à tour de rôle que la présence ou l'absence de points de vue opposés ou différents à leurs énoncés anonymes n'a jamais été — sauf à de rares exceptions — une préoccupation pour eux. Les sources jouiraient donc d'un avantage stratégique insoupçonné à ce jour, dans la mesure où on admet que les énoncés anonymes peuvent parfois être aussi crédibles que les énoncés identifiés, comme le suggèrent certaines recherches rapportées précédemment. Certes, de récents sondages témoignent de la méfiance du public à l'endroit du recours aux sources anonymes, mais il faut départager l'opinion publique exprimée dans ces sondages et les résultats d'expérimentation portant sur la crédibilité des sources anonymes.

La faible présence de points de vue opposés ou différents aux énoncés anonymes dans les comptes rendus est vraie pour presque tous les courriéristes, sauf dans deux cas : celui de J9, qui a produit autant d'énoncés anonymes confrontés à des points de vue divergents que d'énoncés anonymes non confrontés à ces points de vue divergents ; et celui de J7, qui s'écarte aussi de la tendance générale avec 44 % d'énoncés anonymes confrontés à des points de vue opposés ou différents.

À ma question sur le recours aux sources anonymes en tant que moyen pour les courriéristes de publier des informations sans être obligés d'aller à la recherche d'un autre son de cloche pour leur compte rendu, c'est-à-dire d'une version opposée ou différente que pourrait faire valoir une source identifiée, mes informateurs ont répondu par la négative, en insistant sur la nécessité de vérifier les informations de source anonyme. Un informateur politique a certes suggéré que les courriéristes sont «souvent contents d'avoir une information d'une autre façon [qu'officielle] pour ne pas [avoir à] questionner quelqu'un qu'ils aiment autant pas questionner. Ça arrive aussi quand c'est une affaire d'opinion », a-t-il fait valoir, mais ce point de vue est minoritaire. Un autre informateur politique s'est dit convaincu que le recours aux sources anonymes n'a pas cette fonction, puisque le journaliste devrait toujours se méfier, car certaines sources désirent se venger (*axe to grind*), d'où la nécessité de vérifier les affirmations faites sous le couvert de l'anonymat. Il ajoute pourtant que le journaliste peut faire confiance à une source qu'il connaît très bien, qui est fiable, et qu'il n'a alors pas « besoin d'aller ailleurs ».

Un autre informateur politique affirme n'avoir jamais envisagé la chose sous cet angle, puis nuance quelque peu sa réponse. Dans un premier temps, il estime qu'avoir un point de vue opposé ou différent permet de « balancer » l'article et de rendre plus crédible son affirmation anonyme :

> Je ne m'attendais pas à avoir le monopole, pas du tout. C'est carrément pour avoir une information qui doit être connue, que tu penses qui doit être connue, un point de vue qui doit être sur la place publique et que tu retrouves pas. Qu'il soit confronté, pour moi, ça jamais été important.

Il ajoute cependant :

> [Il m']est peut-être arrivé un sujet où je ne souhaitais pas de confrontation, j'en ai pas à l'esprit mais on en a tellement fait. Mais si tu en veux pas [d'autres points de vue], tu vas pas donner ton *scoop* à 1 0h00 le matin. Sur le plan stratégique, tu vas le donner à l'heure de tombée, ou pas très loin, et ça donne pas le temps d'aller [voir ailleurs]. À ce moment-là, ta nouvelle va sortir plus conforme à ce que tu souhaitais.

Du côté des informateurs journalistes, on répond qu'il faut aller chercher d'autres points de vue que ceux exprimés par la source anonyme, mais, là encore, on apporte des nuances. Un journaliste répond d'abord : « [...] pour que ce soit plus complet, tu vas voir l'autre personne, parti politique ou organisme qui est en cause et qui a un droit de réplique ». Mais il ajoute aussitôt que ce

> qui arrive souvent, très souvent, si quelqu'un veut étirer son *scoop*, le lendemain il fait son *follow-up* avec d'autres personnes visées la veille. Disons qu'il va faire ça en trois, quatre articles... trois quatre jours sur le même sujet [avec] la page une,

[marqué] exclusif ! comme on voit souvent. Mais tu y vas par étape, mais tu contre-balances, même si c'est après trois quatre articles.

L'autre courriériste est d'avis qu'en journalisme politique,

pour être bien équilibré, t'es souvent obligé d'aller des deux côtés ou des trois. Tu travailles des deux côtés et tu te fais travailler aussi. C'est évident qu'ils ont des *spi-neux* qui sont là en permanence. Alors les gens te coulent des rumeurs, des infor-mations, des pistes, tout le monde essaie de t'influencer. Je pense que ça marche souvent des deux bords, t'as pas le choix sinon il y a des gens qui te parlent plus.

Mais il poursuit en disant que « si c'est le chef de cabinet du premier ministre, ça arrive à l'occasion, si t'arrives à une source tellement de haut niveau qu'elle devient incontestable ou tellement sûre, que tu as déjà utilisée, que tu connais... qui te mentiras pas, alors pas besoin d'aller voir plus loin ».

Dans la quantité étudiée, les énoncés anonymes sont peu confrontés à des points de vue opposés ou différents, alors que mes informateurs s'entendent pour dire que cela ne peut se faire que si les courriéristes ont une grande con-fiance en leurs sources d'information. Il est alors permis de conclure que les courriéristes parlementaires de l'Assemblée nationale du Québec ont un taux de confiance assez élevé à l'égard des sources d'information auxquelles ils accor-dent l'anonymat, puisqu'ils ne publient pas d'énoncés opposés ou différents dans presque 80 % des cas d'énoncés anonymes. Cependant, ces énoncés ano-nymes sont souvent intégrés à des comptes rendus qui contiennent également des énoncés identifiés qui, eux, sont confrontés à des points de vue opposés ou différents. Finalement, puisque la majorité des énoncés anonymes est à conno-tation neutre et a une fonction de complément d'information, la nécessité de se mettre à la recherche de points de vues opposés ou différents ne s'impose pas toujours pour le courriériste parlementaire.

Primeur ou *scoop*

Lors de l'analyse du corpus, j'ai codé les articles comme étant des primeurs ou des *scoops*. Ont été classés dans les primeurs les articles qui annonçaient à l'avance des décisions ou stratégies réelles, et non les spéculations dont il était impossible de déterminer la validité dans le cadre de la présente recherche. De plus, l'analyse de contenu étant basée sur un échantillon aléatoire et non sur des études de cas longitudinales, il est souvent impossible de déterminer dans quelle mesure les primeurs se sont concrétisées, en tout ou en partie, et à quel moment. J'ai donc abordé les comptes rendus avec le regard du « lecteur moyen », c'est-à-dire celui qui lit un article de journal et croit y trouver sur le moment des informations que les courriéristes l'incitent explicitement ou implicitement à croire exclusives. Le *scoop* est défini comme étant un article qui relate des informations exclusives qui n'auraient vraisemblablement pas été publiées autrement. À l'inverse, la primeur n'est qu'une information qu'un journaliste annonce avant les autres, mais qui serait devenue du domaine public quand même (formation du conseil des ministres, date du dépôt du budget, date du référendum ou des élections, etc.).

Tableau 7
**Fréquence des primeurs et *scoops*
selon les courriéristes parlementaires**

Journaliste	Primeurs	Scoops
J1	3	0
J2	1	0
J3	0	1
J4	2	4
J5	0	0
J6	32	9
J7	2	0
J8	2	0
J9	0	0
J10	1	1
	43	15

Le tableau 7 montre que les 43 comptes rendus contenant des primeurs ne représentent même pas 7% de l'ensemble des comptes rendus analysés, tandis que les 15 comptes rendus contenant un *scoop* représentent à peine 2,3% des articles du corpus. On pourrait expliquer cela par le fait que les courriéristes parlementaires sont en poste avant tout pour couvrir des activités officielles et publiques (période de questions, commissions parlementaires, conférences de presse, etc.), ce qui leur laisse peu de temps pour aller au-delà de l'information officielle. Mais quand ils le font, ils cherchent surtout à devancer les annonces (primeurs), plutôt qu'à mettre au jour les informations que les acteurs ne désirent pas rendre publiques (*scoops*).

Charron explique que les journalistes «marchent sur des œufs» quand ils publient des *scoops*, car leur information est difficile à vérifier, mais aussi parce que les autorités politiques mises en cause peuvent réagir négativement en s'attaquant au courriériste, comme l'a bien illustré l'exemple impliquant Bernard Landry (p. 69-72). Les journalistes peuvent aussi être critiqués par les autres courriéristes parlementaires pressés par leur entreprise de faire mieux que le concurrent et qui ont intérêt à atténuer son mérite (Charron, 1994 : 285 et ss.). Cette tactique de distinction comporte donc des conséquences qui peuvent freiner la chasse aux *scoops* dans un contexte de production journalistique qui, par ailleurs, laisse peu de temps pour entreprendre de longues enquêtes. Mes informateurs sont généralement d'avis que l'anonymat sert surtout à ajouter de l'information pertinente, à compléter l'information officielle afin de mieux informer le public, ce qui est compatible avec les résultats de ma recherche. Par ailleurs, on peut comprendre la rareté des *scoops* quand on sait que les courriéristes privilégient les entrevues et les événements publics comme contextes de collecte de l'information, délaissant l'enquête journalistique, les reportages approfondis ou l'analyse de documents volumineux ou de données informatiques.

Jeux de coulisse

Comme il est fréquent d'entendre ou de lire que le recours aux sources anonymes est une soupape de sécurité pour permettre aux insatisfaits de s'exprimer sans subir les représailles de leur groupe, il est opportun d'analyser les articles retenant la variable *jeu de coulisse*, c'est-à-dire en se demandant si les sources s'exprimant sous le couvert de l'anonymat profitaient de l'occasion pour y aller d'énoncés critiques ou négatifs à l'endroit de leur propre groupe d'appartenance, contournant ainsi les règles partisanes et institutionnelles qui imposent le silence ou limitent les critiques à l'interne afin qu'elles ne se manifestent pas sur la place publique. J'ai donc tenu compte du groupe d'appartenance de la source anonyme, lorsque cela était possible, de l'acte de parole et du groupe d'appartenance des acteurs visés. Lorsqu'une source critiquait son groupe d'appartenance, je considérais avoir affaire à un *jeu de coulisse*. Mais cela a été relativement rare, comme l'indique le tableau suivant.

Tableau 8
Fréquence d'énoncés anonymes relatifs à des jeux de coulisse

Journaliste	Jeux de coulisse		Total
	OUI	NON	n
J1	9,5 %	90,5 %	21
J2	5,5 %	94,5 %	36
J3	7 %	93 %	30
J4	12 %	88 %	51
J6	6 %	94 %	243
J7	4 %	96 %	27
J8	0	100 %	16
J9	0	87,5 %	8[3]
J10	5 %	95 %	19
	6 %	94 %	451

Voici cependant quelques exemples de ces rares jeux de coulisse, c'est-à-dire de critiques ou commentaires à connotation négative sur le propre groupe d'appartenance de la source anonyme.

> « La volte-face du SPGQ a surpris les autres syndicats de la fonction publique. On s'étonne du fait que les professionnels annoncent d'abord leurs couleurs aux médias plutôt qu'aux autres partenaires syndicaux. »

> « Plusieurs élus libéraux de la région ont été particulièrement choqués de constater que leur chef avait plutôt cherché une relève à l'extérieur du parti en contactant des personnalités de la région... »

> À propos de libéraux qui critiquent leur chef, Johnson : « Le mécontentement est palpable dans plusieurs régions du Québec, qui se considèrent désormais comme sous-représentées autour de la table du Conseil des ministres. On pointe du doigt Montréal et la Montérégie, devenus le centre du pouvoir tandis que pour tout l'Est du Québec, on ne trouve que deux ministres d'État, fort jeunes de surcroît. »

---

3. Dans le cas de J9, un énoncé anonyme a été catégorisé comme indéterminé parce qu'il était impossible de connaître le groupe d'appartenance des sources d'information de l'énoncé suivant : « D'aucuns estiment qu'une telle procédure serait inutilement coûteuse pour le gouvernement. » Selon ma méthode, un tel énoncé aurait été considéré comme un « jeu de coulisse » s'il avait eu pour origine un membre du gouvernement, visiblement mécontent de la décision de son groupe et voulant manifester sa dissidence sous le couvert de l'anonymat.

Les résultats indiquent de façon indéniable que l'anonymat n'est pas un lieu privilégié de jeux de coulisse, au sens où je l'entends. Tout comme on retrouve peu d'énoncés à connotation négative ou critique dans le corpus, le jeu de coulisse y est également l'exception.

5

AUTOCOMMUNICATION DE GROUPE

EN PLUS d'aborder une à une les variables des groupes d'appartenance des sources anonymes (les actes de parole, les thèmes et les acteurs visés), il était important et pertinent de classer leurs affirmations par types d'énoncés de façon à avoir un portrait global de la situation. Rassembler les « chaînes » de variables fournit une meilleure vue d'ensemble du phénomène et démontre clairement que le recours aux sources anonymes ne sert que rarement à la publication d'informations critiques ou potentiellement néfastes pour les différents groupes d'acteurs visés. En fait, ni la valorisation ni la critique ne caractérisent vraiment les énoncés anonymes des courriéristes parlementaires. La très vaste majorité d'énoncés sont à connotation neutre en cela qu'ils annoncent, dévoilent, analysent, expliquent ou rapportent des décisions, des intentions et des stratégies de différents groupes d'acteurs.

On l'a vu, ces énoncés sont neutres sur le plan normatif, mais ont une grande valeur sur les plans stratégique et politique. Ils proviennent le plus souvent de sources d'information associées au gouvernement et visent des acteurs du même groupe. C'est ce que je nomme l'*autocommunication de groupe* qui met en évidence une circularité de messages que l'anonymat de sources favorise grandement, sans doute parce que les acteurs anonymes cherchent ainsi à influer sur le cours des événements en attirant l'attention de leurs collègues élus ou, encore, en tentant de limiter l'autonomie et le succès de ces derniers dans certains dossiers. Par exemple, un ministre peut confier à un journaliste les intentions de la ministre des Affaires municipales, en espérant que cela mobilise des élus municipaux opposés aux réformes proposées.

Les paragraphes suivants illustrent très bien ce phénomène. J'y présente successivement les principaux groupes d'appartenance des sources anonymes recensées, leurs actes de parole (positifs, neutres, négatifs), ainsi que les thèmes abordés, en indiquant les principaux groupes d'acteurs visés. Dans le présent ouvrage, qui a des objectifs pédagogiques et de vulgarisation, je me limite cependant aux tendances dominantes dégagées par l'analyse de contenu.

Les représentants du parti politique au pouvoir

Lorsqu'ils agissent à titre de source anonyme (46 % des énoncés anonymes du corpus), ces acteurs consacrent une large part de leurs énoncés (73 %) à parler des acteurs de leur propre groupe d'appartenance. Les énoncés positifs sont rares (4 %), les énoncés négatifs un peu moins (9 %), et les énoncés neutres remportent la palme (87 %). Les énonces neutres sont largement consacrés aux intentions (25 %), aux décisions (21 %) et aux stratégies (15 %) des représentants du parti politique au pouvoir. De l'extérieur de ces jeux de pouvoir, il est impossible de savoir avec précision quels gains sont recherchés par les sources anonymes, mais il ne fait pas de doute que ces dernières s'efforcent de promouvoir ce qu'elles perçoivent comme leurs intérêts directs et indirects, immédiats ou à moyen et long terme. Cela est vrai, du reste, pour l'ensemble des sources anonymes politiques, peu importe leur groupe d'appartenance.

Par ailleurs, lorsqu'elles ne visent pas leur propre groupe d'appartenance (27 % des cas), les sources anonymes du parti politique au pouvoir y vont surtout d'énoncés neutres concernant les représentants de l'administration publique (16 %), ceux de groupes d'intérêts, d'associations et de citoyens (12 %). Quant à leurs énoncés négatifs, ils sont réservés alors principalement aux représentants des partis d'opposition (50 %).

Les représentants de partis d'opposition

Lorsqu'ils agissent comme sources anonymes (9 % des énoncés anonymes), les acteurs de l'opposition consacrent la majeure partie de leurs énoncés neutres à parler de leur propre groupe d'appartenance (71 %), abordant surtout les thèmes des sondages (23,5 %), des intentions (23,5 %) et des positions politiques (12 %) de leur groupe. Leurs énoncés anonymes négatifs visent surtout leurs adversaires (77 %), soit les représentants du parti politique au pouvoir dont ils critiquent les stratégies (30 %), les programmes (20 %) et les résultats qu'ils ont obtenus dans les sondages (20 %).

Les acteurs de partis d'opposition sont avares d'énoncés positifs (5 %), mais ils en ont tout de même adressé un à leurs adversaires politiques. En octobre

1995, alors que la campagne référendaire battait son plein et que l'entente de partenariat du 12 juin entre le Parti québécois, le Bloc québécois et l'Action démocratique du Québec portait fruit dans l'opinion publique, les stratèges du NON admettaient que cela leur causait bien des ennuis, même si leur chef Daniel Johnson répétait que cette entente ne valait rien, rapporte un courriériste, qui ajoute : « L'exercice s'est avéré difficile, selon une source bien informée du camp du NON. D'abord, le texte de l'entente et du projet de partenariat économique est "très habile", les mots ont été choisis avec grand soin pour frapper l'imagination, reconnaissent les stratèges du NON. » Voilà un exemple intéressant de l'anonymat qui a permis à une source libérale de contourner une des règles du jeu politique lui interdisant de féliciter publiquement l'adversaire, alors qu'on se trouve en pleine campagne référendaire et que le vent est en train de tourner. Le journaliste a pour sa part pu diffuser une information qui s'écartait de la rhétorique officielle du chef Johnson.

Les représentants de l'administration publique

Les représentants de l'administration publique ont peu d'occasions de côtoyer les courriéristes, et encore moins souvent l'autorisation de faire des déclarations publiques sur des sujets touchant l'administration publique. Ils sont donc peu présents comme sources d'information, et les rares fois où ils jouissent de l'anonymat (7 % des énoncés anonymes), ils font principalement usage d'énoncés à connotation neutre (69 %) pour parler des acteurs du parti au pouvoir (42 %), ainsi que de leur propre groupe d'administrateurs publics (33 %).

Les énoncés neutres relatifs au parti au pouvoir se concentrent sur les thèmes des intentions (40 %), des décisions (20 %) et des politiques (20 %). Les énoncés négatifs visent ce parti (37,5 % des cas), et les deux tiers de ces cas sont reliés aux décisions du gouvernement. Les sources anonymes du groupe des administrateurs publics critiquent aussi leur propre groupe d'appartenance (37,5 %), au sujet d'attitudes, de décisions et de pratiques qui déplaisent. On recense finalement 6 % d'énoncés positifs relatifs aux intentions du gouvernement et aux comportements des administrateurs publics.

Le groupe d'acteurs non déterminés

L'existence de ce groupe d'acteurs et l'abondance des énoncés dont il est impossible de retracer l'origine sont principalement dues au fait que les courriéristes parlementaires livrent peu d'informations permettant au lecteur de savoir un peu mieux à quel groupe (idéologique, partisan, d'intérêts, etc.) appartient leur source. Pour ma part, je postule que les courriéristes qui diffusent des informations de sources anonymes ne trompent pas le public quant à l'existence réelle de telles sources. Rien ne laisse croire le contraire, ni mon expérience du journalisme, ni les entrevues avec mes informateurs, ni l'analyse du présent corpus. Cependant, il faut constater que 119 énoncés anonymes sur 451 (26,4 %), soit plus du quart, sont communiqués au public sans que ce dernier puisse évaluer le moindrement les intérêts de ces sources fantômes. Ces résultats fournissent matière à réflexion en ce qui a trait aux courriéristes parlementaires qui négligent de tenir compte de l'intérêt de leur public à en savoir le plus possible sur les fantômes du Parlement. Cela ne peut que contribuer à alimenter le scepticisme, sinon la méfiance de certaines catégories du public à l'égard des journalistes et des entreprises de presse.

Les acteurs anonymes du groupe d'appartenance indéterminée privilégient des thèmes similaires à ceux des acteurs des groupes déterminés, dont ils proviennent du reste. Ils sont avares de commentaires positifs (1,6 %) qu'ils adressent néanmoins aux acteurs du parti politique au pouvoir relativement à leurs décisions et à leurs pratiques. Les énoncés négatifs sont un peu plus fréquents (8 %) et visent surtout les acteurs du parti politique formant le gouvernement à propos de leurs déclarations (40 %), de leurs décisions (20 %), de leurs qualités (20 %) et de leurs stratégies (20 %). Les énoncés anonymes neutres (91 %) touchent principalement les acteurs du parti politique au pouvoir (58 %) et surtout leurs décisions et intentions.

Quelques observations

Le fait que le nombre d'énoncés neutres visant les différents groupes d'acteurs, dont ceux du parti politique au pouvoir, surpasse plusieurs fois le nombre d'énoncés positifs ou négatifs indique que, du point de vue des sources d'information, le but premier de l'exercice n'est pas de dénigrer qui que ce soit, mais surtout de rapporter, de supputer ou d'essayer de deviner, d'analyser ou d'expliquer, d'annoncer ou de dévoiler, et de rendre compte des décisions, des intentions, des stratégies et des positions de ces acteurs. Si nous reprenons la typologie de Hess, expliquée plus haut, nous pouvons croire que les sources anonymes du corpus étaient très majoritairement animées par les motivations suivantes : l'*ego leak*, le *goodwill leak*, le *policy leak* et le *trial ballon leak*, mais il est impossible de déterminer, à partir de mon poste d'observation, dans quelle proportion se retrouvent ces motivations. La politologue Anne-Marie Gingras, qui a une attitude critique à l'endroit de cette pratique, estime que les sources anonymes « poursuivent de multiples objectifs : embarrasser un adversaire, miner une tactique jugée suicidaire, préparer le terrain pour la venue d'un personnage politique » (1999 : 48).

Les motivations à connotation plus négative, critique ou dénonciatrice (l'*animus leak* et le *whistle blowing*) doivent avoir joué un rôle certain dans plusieurs des énoncés négatifs du corpus (n = 64), mais seulement quelques attaques anonymes violentes ont été recensées, dont celle rapportée plus haut où une source profite de l'anonymat pour qualifier quelqu'un de « charogne ».

Dans le cas des membres de l'administration publique, le recours à l'anonymat est une stratégie qui s'explique surtout par le fait que très peu ont le mandat ou la permission de répondre publiquement aux questions des journalistes. Outre leurs porte-parole syndicaux, les fonctionnaires sont tenus à un devoir de réserve, et nombreux sont ceux qui sont liés par le secret. Même si le recours à l'anonymat est bien souvent leur seul exutoire, leur présence demeure tout de même marginale, puisque seulement 7 % des énoncés anonymes proviennent d'eux parmi les 451 énoncés anonymes recensés et analysés, ce qui témoigne de leur discrétion.

Le tableau suivant résume bien l'essentiel de la dynamique mise au jour par ma recherche. Lorsqu'il s'agit d'*autocommunication de groupe*, il faut garder à l'esprit que plus de la moitié des sources anonymes (si on tient compte de la distribution proportionnelle de celles dont on ne peut connaître le groupe d'appartenance) sont des acteurs du parti politique au pouvoir, lequel est visé par 61 % des énoncés anonymes.

Tableau 9
Dans la majorité des cas, les sources anonymes...

rapportent (20,4 %) supputent ou spéculent (19,5 %) analysent ou expliquent (16,4 %) annoncent ou dévoilent (14,6 %)
des
décisions (20,2 %) intentions (19,3 %) stratégies (10,4 %)
et visent
les représentants du parti politique au pouvoir (61 % des énoncés anonymes)

ESQUISSE DU PROFIL STRATÉGIQUE DES COURRIÉRISTES

JE PROPOSE maintenant d'esquisser à grands traits un *profil stratégique* des courriéristes relativement à leur utilisation de sources anonymes. Je me limiterai aux principales tendances qui se dégagent des résultats obtenus au terme de l'analyse de contenu. Ces profils stratégiques sont étroitement circonscrits par la question du recours aux sources anonymes comme moyen de se distinguer des concurrents, et parfois des collègues de leur journal, et d'assurer en même temps une certaine complémentarité avec ces concurrents afin de couvrir le plus vaste territoire politique possible.

Il va de soi qu'une analyse simplifie toujours la complexité de la réalité ; c'est ainsi que les courriéristes pourraient enrichir l'analyse de considérations diverses, notamment en ce qui concerne les pressions organisationnelles qu'ils subissent de la part de leur organisation. Ces pressions sont particulièrement évidentes au moment où le premier ministre s'apprête à former un nouveau conseil des ministres, car chaque journal demande à ses courriéristes de faire parler les fantômes du Parlement afin de dévoiler à l'avance la constitution du cabinet. Si certains courriéristes se prêtent de bon cœur à ce mandat, dont ils peuvent prendre l'initiative parfois, d'autres accomplissent le travail la mort dans l'âme, comme me l'a déjà confié l'un d'eux qui considérait cet exercice comme une pure perte de temps et d'énergie parce que les spéculations des journalistes et de leurs sources anonymes (dont il doutait de l'existence dans certains cas !) s'avèrent plus souvent qu'autrement erronées le jour où est enfin connue l'identité de chacun des ministres. Nous verrons plus loin ce qu'il en est exactement.

Les profils stratégiques, malgré leurs lacunes (ils ignorent les prédispositions personnelles ou les convictions idéologiques des courriéristes, par exemple), fournissent néanmoins plusieurs indices quant aux avantages que certains courriéristes retirent à accorder l'anonymat à différentes sources d'information, dont la publication de primeurs, de *scoops* et de jeux de coulisse qui se retrouvent souvent bien mis en valeur dans les « bonnes » pages des quotidiens qui les emploient. Du point de vue des sources politiques, le profil mettra en évidence le fait que certains courriéristes accordent des primes d'exclusivité relative plus élevées que d'autres à leurs sources anonymes, ce qui n'est pas à dédaigner lorsqu'on désire qu'un message soit diffusé au grand public, mais que les risques « d'interférence » que constitue la présence de points de vue opposés ou différents qui en atténuent la portée et la crédibilité soient minimisés.

Le profil de J6

À tout seigneur tout honneur ! Nous savons que J6 a produit 53,8 % de tous les énoncés anonymes et a écrit 138 comptes rendus, soit 21 % des articles du corpus. Son recours aux sources anonymes est donc 2,5 fois supérieur à sa production des comptes rendus de l'étude. On observe rapidement deux grandes tendances. La première, qu'il partage avec la plupart des autres courriéristes, est qu'il compte principalement sur des sources anonymes affiliées au parti politique au pouvoir (47 %) pour lui fournir sa matière première. La seconde est que les énoncés anonymes provenant d'acteurs dont il est impossible de déterminer le groupe d'appartenance composent une large part de sa production (31 %). À ce chapitre, il n'est devancé que par J4 et J9, tandis que son collègue J8 affiche une proportion identique. Mais, en valeur absolue, la part de J6 en énoncés anonymes provenant de groupes d'acteurs non déterminés est imbattable, puisque les 75 énoncés de ce type qu'il revendique représentent 63 % des 119 énoncés anonymes de provenance indéterminée.

Non seulement J6 a-t-il été le plus productif, mais il est aussi celui qui a été le plus discret sur ses sources d'information. Cette stratégie est sans doute payante pour celui dont le comportement ne peut que sécuriser les sources qui lui font confiance, d'autant plus que le thème de la confiance mutuelle revient souvent dans les commentaires de mes informateurs issus du journalisme et de la politique.

Globalement, J6 s'attarde très rarement sur les énoncés positifs (3 %) et négatifs (8 %), consacrant l'essentiel de sa production à la diffusion d'énoncés neutres. Ce sont surtout les représentants du parti politique au pouvoir qui sont à l'origine de ses énoncés anonymes neutres, et plusieurs de ceux-ci visent des acteurs du même groupe d'appartenance (78 %). Les sources anonymes gouvernementales abordent les thèmes des décisions, des intentions, des stratégies et des réactions de leur propre groupe d'appartenance. Les thèmes liés aux perceptions et évaluations de leur groupe viennent en second lieu, notamment en raison du poids accordé aux résultats électoraux et référendaires, ainsi qu'aux sondages.

Chez J6 les sources anonymes du parti politique au pouvoir s'intéressent peu aux autres groupes d'acteurs, et cela se manifeste même dans les énoncés négatifs, puisque six des neuf énoncés de ce type s'adressent à leur propre groupe d'appartenance. Pour ce qui est des sources anonymes dont il est impossible de déterminer le groupe d'appartenance, elles font 92 % d'énoncés neutres, dont la moitié concernent les représentants du parti politique au pouvoir, leurs décisions et leurs intentions.

Outre les sources anonymes du parti au pouvoir et de provenance indéterminée, J6 donne la parole à des sources des partis d'opposition dont la moitié des énoncés s'adressent à leur propre groupe d'appartenance, entre autres sur leurs intentions et leurs positions. Les sources anonymes des autres groupes d'appartenance ont une importance marginale dans sa production.

J6 est également parmi les courriéristes parlementaires qui exposent le moins les énoncés anonymes à des points de vue opposés ou différents à l'intérieur d'un même compte rendu (18 %), tout comme J4 et J8 du reste.

Il est le champion incontesté des primeurs (32/43 = 74 %) et des *scoops* (9/15 = 60 %), ainsi que de la présence d'énoncés trahissant des jeux de coulisse (14/28 = 50 %), lui qui a produit 21 % des comptes rendus du corpus. Il est le seul des quatre courriéristes de son quotidien dont les comptes rendus ont été publiés à la une de son journal (n = 5), ce qui alimente sa notoriété et fait la preuve qu'il peut se démarquer de ses concurrents des autres journaux aussi bien que de ses collègues. Chose intéressante et très révélatrice, un croisement statistique révèle que J6 n'a pu placer aucun des 138 articles de l'échantillon à la une de son journal quand il n'avait pas recours aux sources anonymes.

Pour une source anonyme, J6 est un modèle de confidentialité et de discrétion, en plus d'être l'employé d'un grand quotidien influent au Québec. Une source peut bénéficier d'une certaine prime d'exclusivité relative, même si cet objectif n'est pas recherché. Quant à J6, il peut indéniablement se démarquer des autres courriéristes parlementaires en produisant davantage de comptes rendus, davantage de primeurs et de *scoops*. Il peut faire état d'un plus grand nombre de jeux de coulisse que ses concurrents, ce qui constitue des atouts valorisés par les entreprises de presse qui consacrent d'importantes ressources à la couverture de l'actualité politique. Il est difficile de déterminer dans quelle proportion le recours aux sources anonymes relève de pressions de son organisation ou serait plutôt une caractéristique personnelle du journaliste, mais il ne fait pas de doute que ces deux variables interagissent constamment.

Le profil de J4

Le courriériste J4 a recueilli 51 énoncés anonymes, ce qui représente 11,3 % des énoncés anonymes du corpus, et a écrit 109 comptes rendus, soit 17 % du corpus. Son principal groupe de sources anonymes est l'administration publique (39 %), mais on en recense autant dont on ne peut déterminer le groupe d'appartenance, tandis que les sources anonymes sorties des rangs du parti politique au pouvoir ne lui ont fourni que 12 % des énoncés anonymes. Il est fort vraisemblable que plusieurs sources d'appartenance indéterminée proviennent du groupe de sources politiques gouvernementales, mais il est impossible d'aller plus loin que cette supposition.

Chez J4 les sources anonymes de l'administration publique négligent les énoncés positifs, mais elles sont relativement fertiles en énoncés négatifs qu'elles adressent surtout à leur propre groupe d'appartenance, à propos d'attitudes, de décisions et de pratiques, ainsi qu'aux représentants du parti politique au pouvoir à propos de leurs décisions et de leurs politiques.

Quant aux sources anonymes provenant de groupes d'acteurs indéterminés, elles concentrent leur attention sur les représentants du parti au pouvoir qui ont droit à 90 % d'énoncés neutres portant principalement sur leurs décisions (55,5 %) et leurs intentions (22 %). Les sources anonymes qui appartiennent à ce parti ne génèrent que 12 % des énoncés anonymes, dont le tiers est à connotation positive et 17 % à connotation négative.

J4 assure lui aussi une prime d'exclusivité relative intéressante à ses sources anonymes, puisqu'on ne recense des points de vue opposés ou différents aux énoncés anonymes que dans 18 % des cas. En accordant l'anonymat à ses sources d'information, il a été en mesure de publier deux primeurs et quatre *scoops*, en plus de produire six des énoncés anonymes faisant état de jeux de coulisse. Il est du reste le seul des quatre courriéristes de son journal dont les comptes rendus ont été publiés à la une, à sept reprises précisément, dont trois fois avec des comptes rendus contenant au moins une source anonyme.

J4 est cependant loin derrière J6 qui a été beaucoup plus productif que lui en matière de primeurs, de *scoops* et de jeux de coulisse, alors que leur nombre respectif de comptes rendus se ressemble davantage (109 contre 138). J4 a toutefois fait appel à des sources anonymes dans le quart de ses comptes rendus, alors que J6 a recours à des sources anonymes dans 57 % des cas.

Finalement, en diffusant largement les énoncés anonymes de sources provenant de l'administration publique, J4 se démarque de J6 chez qui ce même groupe n'a généré que 4 % des énoncés anonymes. Il est plausible que J4 ait adopté une stratégie différente pour se démarquer de J6, mais cette stratégie s'explique également par le fait qu'il est à l'emploi du quotidien *Le Soleil*, publié à Québec, là où la fonction publique est importante et représente une clientèle de choix pour ce journal. De surcroît, J4 est en quelque sorte le courriériste spécialisé dans les questions reliées à la fonction publique, ce qui lui a permis de développer un réseau d'informateurs au sein de ce groupe. Il se distingue en cela de ses collègues et concurrents de l'Assemblée nationale du Québec.

Le profil de J2

Pendant son bref séjour à la Tribune de la presse, le courriériste J2 a recueilli 36 énoncés anonymes, soit 8 % des énoncés du corpus, alors qu'il a écrit 7 % des comptes rendus de l'échantillon. Il accorde la parole principalement à des sources anonymes affiliées au parti au pouvoir dont les propos visent des collègues du même groupe. Dans cette dynamique d'autocommunication de groupe, on retrouve un seul énoncé positif, mais trois énoncés négatifs qui portent sur les attitudes, l'honnêteté et les résultats obtenus par certains membres de ce groupe. Quant aux huit énoncés neutres recensés, ils portent surtout sur les décisions et les intentions du parti gouvernemental.

L'autre bassin privilégié de sources anonymes de J2 est constitué d'acteurs de groupes d'intérêts, d'associations, de groupes de citoyens. Les énoncés neutres abordent plusieurs thèmes liés presque exclusivement à la gestion politique, dont bien entendu les stratégies, les intentions et les déclarations. On retrouve cependant trois énoncés négatifs, dont deux visent les acteurs du parti au pouvoir.

Chez J2 près de 17 % des sources anonymes sont affiliées à des groupes d'acteurs impossibles à déterminer. De plus, avec seulement 36 énoncés anonymes, il a été en mesure de donner la parole à des sources anonymes provenant d'au moins cinq groupes d'acteurs différents, contre sept groupes chez J6 et seulement trois chez J4, assurant ainsi une diversité qui diminue sa dépendance à l'égard des sources d'information. La prime d'exclusivité relative est un peu moins élevée chez J2 qui confronte 22 % de ses énoncés anonymes à des points de vue opposés ou différents. Le recours aux sources anonymes lui a permis de publier une primeur et deux énoncés anonymes faisant état de jeux de coulisse, mais aucun *scoop*.

Il faut rappeler que J2, un collègue de J6, n'a pas été présent à l'Assemblée nationale du Québec pendant toute la période que couvre le corpus, ce qui explique une production de comptes rendus moins élevée que celle d'autres courriéristes. Par ailleurs, de concert avec J6 qui diffusait beaucoup d'informations non routinières et non officielles, J2 a pu jouer un rôle de complémentarité pour son journal qui avait aussi besoin de son lot quotidien de nouvelles officielles pour assurer sa conformité avec les diffuseurs d'actualité politique que sont les autres journaux, la télévision et la radio. Du reste, un tableau croisé de l'emplacement des comptes rendus de J2 par rapport à ceux de J6 révèle que ce dernier les retrouve très souvent dans les deux « meilleures » pages de ce quotidien (A1 et B1 = 64 %), alors que cette proportion est de 51 % pour J2 qui a vu 32 % de ses comptes rendus publiés dans les pages B4, B5, B6 et B7, espace généralement réservé à l'information politique dont le caractère exclusif est peu élevé. Les deux autres courriéristes de ce quotidien, J7 et J8, assurent eux aussi la couverture de l'information officielle, du moins selon l'emplacement de leurs comptes rendus qui occupent aussi des pages moins valorisées des cahiers B, C, D, F et G. On observe un cas de spécialisation au sein de cette équipe : J6 capitalise sur les sources anonymes et ses collègues assurent généralement la couverture officielle et routinière de l'Assemblée nationale du Québec.

Le profil de J3

Le courriériste J3 a recueilli 30 énoncés anonymes, soit moins de 7 % des énoncés anonymes du corpus, et sa production de comptes rendus (n = 67) totalise environ 10 % de l'échantillon. Contrairement à d'autres courriéristes parlementaires, le bassin de sources anonymes de ce courriériste est presque exclusivement constitué d'acteurs affiliés au parti au pouvoir (83 %), tandis que les autres énoncés anonymes proviennent de sources dont il a été impossible de déterminer l'affiliation (17 %).

Les représentants du parti au pouvoir jouissent de l'anonymat dans le cas de 19 énoncés (63 %), dont 79 % visent des acteurs de leur propre groupe d'appartenance et portent principalement sur les stratégies, les sondages, les décisions et les qualités.

Les sources de J3 bénéficient de l'anonymat à deux reprises, lors d'énoncés positifs visant leur propre groupe d'appartenance et les représentants de l'administration publique. On recense aussi quatre énoncés négatifs dont deux attaquent les comportements et la loyauté d'acteurs de groupes d'intérêts, d'associations et de groupes de citoyens. Les deux autres énoncés négatifs sont équitablement adressés aux acteurs du parti au pouvoir et à ceux de partis d'opposition.

Collègue de J4, qui s'est spécialisé dans l'administration publique, J3 est incité en quelque sorte à exploiter d'autres types de sources, de nature essentiellement politique. La prime d'exclusivité relative qu'il offre à ses informateurs est la troisième parmi les moins élevées, car plus de 33 % des énoncés anonymes publiés sont confrontés à des points de vue opposés ou différents ; seuls J7 (44 %) et J9 (50 %) offrent une prime d'exclusivité moins élevée. En recourant aux sources anonymes, J3 n'a publié qu'un *scoop*, et deux énoncés anonymes faisant état de jeux de coulisse, mais aucune primeur.

Le profil de J7

Le courriériste J7 a recueilli 27 énoncés anonymes, soit moins de 6 % des énoncés du corpus, alors que sa production de comptes rendus (n = 74) totalise 11,5 % de l'ensemble des articles analysés. La majorité des énoncés anonymes de ce courriériste (55,5 %) viennent de représentants du parti au pouvoir, tandis que neuf énoncés anonymes (33,3 %) sont partagés par quatre autres groupes d'acteurs, et trois énoncés (11 %) par des acteurs dont il est impossible de déterminer le groupe d'appartenance. J7 assure donc une certaine diversité de ses sources d'information.

Les représentants du parti au pouvoir jouissent de l'anonymat pour parler de leurs collègues du même groupe d'appartenance à dix reprises (37 %), en l'occurrence dans des énoncés neutres sur leurs intentions et leurs décisions. Pour sa part, un acteur de l'opposition profite de l'anonymat pour s'en prendre à la personnalité d'un représentant du parti au pouvoir. Du reste, les acteurs du parti au pouvoir sont visés par 14 des 27 énoncés anonymes (52 %) publiés par J7.

J7 est un collègue de J6 et de J2, ainsi que de J8. Aucun de ses comptes rendus ne figure en page A1, contrairement à ceux de J6 (cinq). Ses articles prennent place surtout en page B1 et B4, complétant ainsi la couverture de l'information officielle. Quant à la prime d'exclusivité relative offerte par J7, elle est la deuxième moins alléchante du point de vue d'une source anonyme que cette dimension stratégique intéresserait, puisque 44 % des énoncés anonymes publiés par J7 sont confrontés à des points de vue opposés ou différents à l'intérieur du même compte rendu. Le recours aux sources anonymes lui a permis de publier deux primeurs et un énoncé faisant état de jeux de coulisse, autant de nouvelles qui se démarquent de la production routinière de l'actualité politique, mais aucun *scoop*.

Le profil de J1

Le courriériste J1 a recueilli 21 énoncés anonymes, soit moins de 5 % des énoncés du corpus, alors que sa production de comptes rendus (n = 58) totalise 9 % des 642 articles analysés. La grande majorité des énoncés anonymes de ce courriériste revient à des représentants du parti au pouvoir et visent ces mêmes acteurs, tandis que deux autres groupes d'acteurs se partagent trois énoncés anonymes (14 %) et qu'un seul énoncé origine d'un acteur dont il est impossible de déterminer le groupe d'appartenance.

Les sources anonymes du parti au pouvoir ont produit 12 énoncés neutres (57 % de ses énoncés anonymes), sur les intentions et les décisions d'acteurs de leur famille politique principalement. Elles visaient aussi des acteurs de leur propre groupe avec deux énoncés négatifs sur des décisions et des stratégies.

J1 est un collègue de J3, dont il se distingue en diversifiant les groupes d'appartenance de ses sources anonymes, et de J4, dont il se distingue également en évitant d'aller puiser dans le même bassin de sources provenant de l'administration publique. Il offre une prime d'exclusivité relative de 28 %, soit la proportion des énoncés anonymes qui ont été confrontés à des points de vue opposés ou différents à l'intérieur d'un même compte rendu. Le recours aux sources anonymes lui a permis de publier trois primeurs et trois énoncés reliés à des jeux de coulisse, mais aucun *scoop*.

Le profil de J10

De son côté, J10 a recueilli 19 énoncés anonymes, soit environ 4 % des énoncés du corpus, ce qui correspond à sa production de comptes rendus qui totalise environ 4 % de l'échantillon. Précisons que J10 n'était pas courriériste à l'Assemblée nationale du Québec en 1994, si bien que l'échantillon ne touche que l'année 1995.

J10 se distingue particulièrement de ses collègues J1, J3 et J4, tout comme de ses concurrents, en accordant majoritairement l'anonymat à des sources d'information de partis de l'opposition (63 %), qui en profitent pour viser les représentants du parti au pouvoir (75 %). Plus de 55 % des énoncés anonymes qu'ils font à propos des acteurs au pouvoir sont à connotation négative et concernent leurs stratégies et leurs sondages. À titre d'exemple, prenons cet énoncé où J10 cite un stratège libéral qui tantôt fait l'éloge des décisions du camp du OUI, tantôt critique leur stratégie en indiquant ce qui lui semble être la faiblesse de l'entente de partenariat : « Les gens veulent bien de l'union économique négociée, reprend notre source, mais là où ça *jam* dans le coude, c'est quand ils reviennent aux institutions communes entre le Québec et le reste du Canada... »

Ici la source anonyme est un stratège libéral qui a intérêt à garder l'anonymat, et ce pour diverses raisons. D'une part, il n'est peut-être pas autorisé à s'adresser publiquement aux journalistes. D'autre part, il a commenté positivement une partie de la stratégie du parti au pouvoir, notamment sa décision de conclure une entente avec le Bloc québécois et l'Action démocratique du Québec. En outre, la crédibilité de son énoncé anonyme est peut-être plus élevée si ce stratège ne jouit pas d'une grande considération au sein de la classe politico-médiatique, ce que ni le public ni le chercheur ne peuvent évaluer, bien entendu.

Chez J10 les énoncés anonymes des acteurs affiliés au parti au pouvoir sont peu nombreux et se classent derrière ceux de représentants de groupes d'intérêts, d'associations et de citoyens, ce qui est là encore un trait distinctif. Dans 21 % des cas, il publie des énoncés anonymes confrontés à des points de vue opposés ou différents à l'intérieur du même compte rendu. Le recours aux sources anonymes lui a permis de publier une primeur et un *scoop*, ainsi qu'un énoncé relatant des jeux de coulisse.

Le profil de J8

Le courriériste J8 a recueilli 16 énoncés anonymes, soit moins de 4 % des énoncés du corpus, même si sa production de comptes rendus totalise environ 6 % de l'ensemble. Sa production s'inscrit presque exclusivement au cours de l'année 1994, car J8 n'a publié que deux comptes rendus en 1995, année où il a cessé d'être courriériste parlementaire. La moitié des énoncés anonymes qu'il a diffusés lui ont été transmis par des représentants du parti au pouvoir, et presque tous (94 %) visent ces mêmes acteurs.

Les sources du parti au pouvoir ne parlent que des acteurs de leur propre groupe et utilisent des énoncés à connotation neutre sur les intentions, les stratégies et les déclarations de leurs collègues. Les autres sources anonymes sont des représentants de l'administration publique et un énoncé demeure d'origine indéterminée.

On sait que J8 est un collègue de travail de J2, de J7 et de J6. Une bonne proportion de ses articles ont été publiés en page B1 (38 %), les autres étant répartis sur des pages intérieures, surtout B4, C4 et A11. Il offre une prime d'exclusivité relative tentante pour ses sources anonymes, puisqu'il n'a confronté qu'un énoncé anonyme à des points de vue opposés ou différents dans un même compte rendu. Il a tout de même réussi à publier deux primeurs, malgré une production de comptes rendus moins élevée que celle de la plupart des autres courriéristes de l'étude, mais aucun *scoop*. Aucun de ses énoncés anonymes n'a porté sur un jeu de coulisse.

Le profil de J9

Le courriériste J9 a recueilli seulement 8 énoncés anonymes, soit moins de 2 % des énoncés du corpus, alors que sa production de comptes rendus (n = 90) totalise environ 14 % de l'ensemble. Dans 50 % des cas, ses sources appartiennent à un groupe d'acteurs non déterminé et visent des acteurs de groupes différents, par des énoncés neutres trois fois sur quatre. Les sources anonymes du parti au pouvoir ont deux énoncés, dont un à connotation négative qui vise les acteurs de l'opposition. Il faut noter que si J9 a peu recours aux sources anonymes, il publie 50 % d'énoncés anonymes qui sont confrontés à des points de vue différents ou opposés à l'intérieur de son compte rendu, ce qui en fait le courriériste dont la prime d'exclusivité relative est la moins attrayante pour des sources anonymes qui seraient intéressées par cette dimension du marché. Le recours aux sources anonymes ne lui a cependant pas permis de publier primeur, *scoop* ou jeu de coulisse.

Avec une production aussi minime d'énoncés anonymes, on ne peut pas dégager de tendances significatives dans la façon de les utiliser. Au contraire, la part des énoncés anonymes de J9 étant nettement en dessous de sa part de comptes rendus, cela témoigne d'un cas où le recours aux sources anonymes est exceptionnel. Il faut ajouter que J9 était alors le seul courriériste parlementaire de son quotidien, son collègue J5 étant à cette époque consacré à d'autres genres journalistiques. Cela oblige J9 à couvrir l'information officielle qui abonde à l'Assemblée nationale du Québec, et à assurer des couvertures relativement complètes, puisque 28 % de ses comptes rendus sont dans la catégorie des articles longs (17 % pour l'ensemble du groupe). Avec J2 il est celui qui s'éloigne le plus de la tendance générale. Rappelons que J2 jouait lui aussi un rôle de complémentarité à l'égard de J6 qui l'obligeait à couvrir l'information officielle. Cependant, 43 % des comptes rendus de J2 sont de longueur moyenne, contre 61 % dans le cas de J9 (les articles de longueur moyenne représentent 67 % du corpus).

D'autre part, J9 est le courriériste parlementaire dont le quotidien a la plus petite diffusion, ce qui pourrait diminuer la valeur stratégique qu'il a aux yeux des sources anonymes cherchant la plus grande diffusion possible des informations qu'elles veulent communiquer. Cette explication vient d'un de mes informateurs politiques qui a dit privilégier les quotidiens lui offrant des centaines de milliers de lecteurs plutôt que quelques dizaines de milliers, lorsqu'il voulait faire diffuser des informations sous le couvert de l'anonymat. Par cette évaluation il semble oublier que l'influence du *Devoir* a toujours été plus importante que son tirage. Mais son évaluation peut aussi être un indice de la perte de cette influence, au profit de médias plus populaires dont les tirages, ou les cotes d'écoute, sont davantage prisés par les sources d'information politiques.

QUELQUES HYPOTHÈSES

DANS LES chapitres précédents, j'ai annoncé à quelques reprises qu'il y avait des hypothèses à vérifier, ce que je ferai en m'appuyant à la fois sur les résultats statistiques de l'analyse de contenu et sur les informations obtenues auprès de mes informateurs des milieux politique et journalistique, lesquelles informations viennent compléter les nombreux témoignages déjà vus et qui ont été tirés de documents scientifiques, professionnels et historiques.

Il faut faire une appréciation réaliste des hypothèses émises ici. Je suis d'accord avec Crête et Imbeau lorsqu'ils soutiennent que les hypothèses scientifiques ne peuvent jamais être prouvées irrévocablement « par aucun ensemble de données, aussi précises et étendues soient-elles. [...] La recherche scientifique ne prouve pas une hypothèse, elle la confirme. Confirmer veut dire "rendre plus ferme". Confirmer une hypothèse, c'est montrer que certaines observations suggèrent qu'elle pourrait être vraie » (1994 : 105-106). Du reste, même confirmés, les « faits scientifiques » ne sont que des conclusions bénéficiant d'accords temporaires, jamais de consentement définitif (Shermer, 1993).

Une pratique rentable

Certains auteurs, dont Johnston (1987 : 58), font valoir que le recours aux sources anonymes constitue surtout une pratique économiquement rentable pour les entreprises de presse parce que cela évite parfois de longues journées de labeur dans le but de trouver une source acceptant d'être identifiée. Il était donc pertinent de vérifier si *les comptes rendus avec des énoncés anonymes auront moins d'énoncés identifiés que ceux n'ayant aucun énoncé anonyme*.

Pour vérifier cette proposition, j'ai procédé à un traitement croisé des variables relatives à la présence de sources anonymes et au nombre d'énoncés identifiés pour chacun des comptes rendus. Le graphique 3 illustre la double tendance qui confirme l'hypothèse, à savoir que, généralement, plus un compte rendu contient d'énoncés anonymes, moins il contient d'énoncés identifiés, et inversement.

Graphique 3

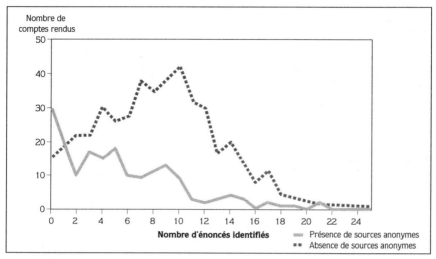

On peut également faire une démonstration détaillée en croisant le nombre total d'énoncés anonymes avec le nombre total d'énoncés identifiés, et en regardant combien de comptes rendus se retrouvent dans chaque case. On verra alors le nombre d'énoncés identifiés chuter de façon presque inversement proportionnelle au nombre d'énoncés anonymes.

Tableau 10

Nombre d'énoncés identifiés	Nombre de comptes rendus selon le nombre total d'énoncés anonymes (0 à 15)										
	0	1	2	3	4	5	6	7	8	9	12	15
0-5	133	46	23	13	8	8	2	5	2	1	0	1
6-10	181	28	10	6	3	2	1	0	2	0	0	0
11-15	112	8	3	2	1	0	0	1	0	0	0	0
16-20	28	2	0	0	1	0	0	0	0	0	1	0
21-27	6	1	1	0	0	0	0	0	0	0	0	0
	460	85	37	21	13	10	3	6	4	1	1	1

Quand je leur demande si on peut affirmer que le recours aux sources anonymes constitue surtout une pratique rentable pour les entreprises de presse et les courriéristes parce que cela évite des efforts dans le but de trouver une ou des sources acceptant d'être identifiées, mes informateurs s'entendent presque tous pour dire que cette pratique est rentable, car elle permet de publier beaucoup d'informations. Mais ils n'y voient pas une tactique visant d'abord à ménager les efforts des courriéristes. Un informateur politique estime que, si les courriéristes obtiennent une information d'une source qu'ils savent fiable, « ils [n']ont pas vraiment besoin d'aller chercher ailleurs », mais si la source n'est pas fiable, « alors ils vont quand même chercher des confirmations » ailleurs. Un autre informateur politique doute que l'objectif soit lié à la rentabilité, il croit que les courriéristes veulent « davantage être aux premières loges de la véritable information de qualité ». Et si les informateurs journalistes s'entendent pour dire que le recours aux sources anonymes est rentable, l'un d'eux précise :

> [...] de là à dire que ça évite des efforts, non. Parfois ça demande plus d'efforts d'avoir des sources anonymes que de ne pas en avoir. Souvent, tu vas passer une journée à travailler sur une nouvelle et c'est une source anonyme qui te la confirme. Ça peut être beaucoup d'ouvrage d'arriver à une source anonyme. Là, tu as quelque chose pour t'appuyer, tu as parlé à quelqu'un que tu connais, qu'on t'a référé ou que t'as trouvé et qui te dis : oui, c'est vrai, on s'en va dans telle direction. Ça couronne ta journée en quelque sorte, ça permet d'enlever le morceau.

À la lumière des résultats statistiques et des propos des informateurs, on peut conclure que la présence de sources anonymes permet au journaliste de publier des comptes rendus dans lesquels se retrouveront moins d'énoncés identifiés que dans les comptes rendus sans sources anonymes. Mais il ne faudrait pas y voir automatiquement une tactique dont le premier objectif est de ménager les efforts du courriériste. Cependant, on peut ajouter que le travail des courriéristes est facilité par le recours aux sources anonymes, car celles-ci permettent néanmoins de publier des comptes rendus sans devoir nécessairement y intégrer des énoncés provenant de sources ayant accepté d'être identifiées. En ce sens, cette pratique journalistique a un potentiel certain, mais non absolu, au chapitre des efforts qu'elle peut ménager et des bénéfices qu'elle peut procurer, et doit être considérée comme une tactique rentable pour le journaliste plutôt que comme de la paresse.

Davantage de *scoops*

On l'a vu, ceux qui sont de fervents adeptes du recours aux sources anonymes font valoir l'argument voulant que cette pratique journalistique facilite la libre circulation d'informations importantes et d'intérêt public, sous-entendant que

cette information n'aurait pas été publiée autrement. Il convient donc de vérifier si le *recours aux sources anonymes permet aux courriéristes parlementaires
de la presse écrite de produire davantage de scoops, soit des reportages dont ils
ont l'exclusivité et qui révèlent des faits inédits qui n'auraient vraisemblablement pas été révélés autrement.*

Un simple croisement de variables permet de constater que le recours aux
sources anonymes permet aux courriéristes parlementaires de produire davantage de primeurs et de *scoops*. Toutefois, sont nettement privilégiées les primeurs, soit la diffusion prématurée d'informations qui seraient devenues
publiques inévitablement, mais qu'un courriériste a obtenues et publiées avant les
autres journalistes, obtenant ainsi un avantage stratégique sur ses concurrents.

Tableau 11

Sources anonymes	Primeurs	Scoops	Total
Présence	41	15	56
Absence	1	0	1

Interrogés sur le fait que le recours aux fantômes du Parlement permet
aux courriéristes de publier davantage de *scoops*, mes informateurs journalistes
se sont dits d'accord avec cette affirmation. Pour l'un d'eux, un *scoop*, c'est une
grosse nouvelle et, « généralement, les gens ne veulent pas être connus parce
qu'ils seraient placés dans une situation plutôt difficile qui pourrait [leur] coûter
leur poste. C'est une des seules manières, sinon la seule manière d'obtenir des
nouvelles. C'est en ne publiant pas le nom de la source ». Ce courriériste insiste
longuement sur l'absolue nécessité d'assurer la confidentialité des sources
d'information, qu'il associe au secret professionnel.

Un informateur politique est catégorique : la réponse est oui. Il admet avoir
servi à plusieurs reprises de source anonyme, lorsqu'il était dans l'Opposition
aussi bien qu'au pouvoir, et ajoute que sur le plan stratégique « il y a des occasions, des moments, où pour toutes sortes de raisons vous ne souhaitez pas
être identifié. Par contre, des gens peuvent dire que telle ou telle information
vient de tel individu, mais ils ne peuvent jamais le confirmer... Il y a un flou ».
Un autre informateur politique s'est cependant montré relativement méfiant
face aux *scoops* qui risquent d'être « colorés », voire biaisés, parce que le journaliste « transfère dans un article la vision d'un autre qui n'a pas voulu être
mentionné », et il en appelle à la prudence et à la vérification de ces informations. Le troisième informateur politique abonde dans le même sens, même s'il

se montre nettement plus favorable aux sources anonymes qui peuvent « [...] certainement donner un *scoop* à un journaliste » :

> Alors, je mets un MAIS majuscule, le journaliste est obligé quasiment de vérifier ailleurs. S'il sort ça rien qu'à partir (d'une source), il prend un maudit risque ! Il prend le risque de donner une nouvelle qui, effectivement est un *scoop*, mais totalement hors contexte. Et le fait que la nouvelle soit hors contexte, elle est partiellement fausse, dans ma définition à moi.

Données quantitatives et commentaires des informateurs se conjuguent pour donner au recours aux sources anonymes un fort potentiel stratégique pour le journaliste désireux de publier des *scoops*, même si cela le laisse largement dépendant de la volonté des sources d'information. Mais ces dernières ont des intérêts et des objectifs très diversifiés, si bien qu'il s'en trouve toujours pour tirer profit de l'anonymat, ce qui assure un approvisionnement plus ou moins régulier aux courriéristes tentés par cette « marchandise ».

Davantage de jeux de coulisse

Ericson, Baranek et Chan (1989) ont mis en évidence l'importance, pour les journalistes, d'avoir accès à l'arrière-scène où les acteurs politiques du même groupe s'affrontent, ce qu'ils ne peuvent faire publiquement en raison de certaines contraintes. Cet accès aux coulisses, appuyé par l'anonymat des sources, devrait favoriser la diffusion d'informations « juteuses », et il y a lieu de vérifier si le *recours aux sources anonymes permettra aux courriéristes parlementaires de produire davantage de comptes rendus relatifs aux tractations et affrontements en coulisse que n'en contiennent les comptes rendus où toutes les sources sont identifiées.*

Cette hypothèse est solidement confirmée, comme l'indique le prochain tableau. Il a été impossible de trouver des comptes rendus où des acteurs identifiés se livraient ouvertement à des jeux de coulisse, c'est-à-dire des sources d'information qui y vont d'énoncés critiques concernant leur propre groupe d'appartenance. La critique interne se fait difficilement et très rarement à visière levée.

Tableau 12
**Importance des sources anonymes
dans la divulgation de jeux de coulisse**

Jeux de coulisse	Présence de sources anonymes	Absence de sources anonymes
OUI	14	0
NON	167	460
Indéterminé	1	0
	182	460

Il a été possible de refaire ce calcul en tenant compte, cette fois, du nombre d'énoncés anonymes (au lieu du nombre de comptes rendus), et en cherchant à savoir, pour chaque énoncé, s'il permet à un acteur de se livrer à des jeux de coulisse sous le couvert de l'anonymat. Il s'agissait de voir dans quelle mesure l'anonymat est vraiment une pratique qui permet aux insatisfaits de s'exprimer. Ce calcul a révélé que seulement 28 énoncés anonymes sur 451 (6,2 %) ont réellement permis à des sources anonymes d'y aller de propositions critiques à l'endroit de leur propre organisation. L'anonymat ne serait donc pas le lieu privilégié d'expression des insatisfaits qui ont recours à d'autres mécanismes pour se faire entendre à l'intérieur de leur organisation. Mais lorsque ceux-ci veulent faire connaître leurs doléances publiquement, ils ne peuvent le faire que sous le couvert de l'anonymat le plus souvent, à moins de se déclarer ouvertement en rupture avec leur groupe, comme le font les dissidents, à l'instar de Mario Dumont quand il a quitté le Parti libéral du Québec pour fonder l'Action démocratique du Québec, ou de certains présidents d'association de comté du Parti libéral du Canada lorsqu'ils ont ouvertement demandé le départ de Jean Chrétien, au printemps 2000, ce qui leur a valu les représailles du parti.

Quand on leur demande si recourir aux sources anonymes permet aux courriéristes de produire davantage de comptes rendus relatifs aux tractations et affrontements de coulisse que s'ils se limitaient à des sources identifiées, les informateurs sont presque unanimes : cette information officieuse a fréquemment plus de valeur journalistique que l'information officielle.

Un journaliste fait valoir « qu'il s'en passe des choses dans les corridors, dans les coulisses » et que cette information est souvent beaucoup plus intéressante que l'information officielle qui cache parfois « beaucoup de choses essentielles. Dans les conférences de presse tu pourras pas obtenir ce que tu peux obtenir dans les jeux de coulisse, c'est pour ça que je dis [que] c'est beaucoup plus intéressant, plus percutant, si tu as une bonne source d'information, une source fiable... L'information officielle est de plus en plus fade, je trouve ». Un autre journaliste reconnaît que l'information de coulisse « est plus *sexy* », mais prévient qu'il ne faut pas que « les jeux de coulisse escamotent la nouvelle, il y a un danger à ce moment-là. On est là pour renseigner les gens, ils veulent savoir. S'il y a une grosse nouvelle, il faut que tu l'écrives », car escamoter ces nouvelles officielles par des jeux de coulisse ne rend pas service au public, et peut même induire ce dernier en erreur, selon lui. Ce journaliste plaide aussi en faveur d'une certaine retenue en matière de jeux de coulisse qui peuvent parfois servir à épater la galerie :

> T'as pas à *garrocher* des hypothèses sur la place publique juste pour faire semblant que t'es bien informé ou pour démontrer que t'es bien informé. Parce que ça joue, ça aussi. À un moment donné, ça peut être tentant de dire : je vais montrer à mes *chums* que je suis pas mal au courant... à mes *boss*... Là, tu étales des hypothèses sur la place publique... c'est plus rare mais ça arrive.

Pour deux informateurs politiques, le jeu de coulisse comporte de grandes qualités. L'un fait valoir que l'information ainsi obtenue est plus vivante que l'information officielle, qu'elle actualise et complète pourtant. Il donne l'exemple de la formation du conseil des ministres au moment de laquelle il peut être utile de savoir que, si un ministre obtient « tel poste », c'est parce qu'il a refusé d'autres ministères ; ou encore que, si un ministre détient un poste qu'il ne voulait pas avoir, c'est parce qu'il s'est résigné à l'accepter pour faire partie du cabinet. L'autre est d'avis que « la vérité peut se retrouver aussi bien dans l'anonymat que dans la version officielle qui peut à certaines occasions tenter de camoufler une réalité pour le bien d'un individu, du parti, de la cause que tu défends. C'est évident qu'il y a à l'intérieur de la nouvelle anonyme une qualité d'information certaine... »

Il est certain que l'anonymat permet la publication de comptes rendus qui font état de jeux de coulisse et d'affrontements internes. Cependant, même si les courriéristes valorisent les jeux de coulisse et que les sources d'information leur reconnaissent certaines qualités, les comptes rendus qui s'y appuient sont peu nombreux. Selon un journaliste, cela serait attribuable à la difficulté qu'ont les courriéristes à se rendre réellement à l'arrière-scène, malgré la promesse de l'anonymat :

> Pénétrer les conversations du conseil des ministres est très rare... pas beaucoup de monde peuvent [*sic*] le faire. T'as même pas l'ordre du jour. Quand ils sortent, ils t'envoient les gens qu'ils veulent sur les thèmes choisis. C'est un rideau noir... Si t'as un tuyau, t'attrapes un ministre dans un coin [pour te le faire confirmer]. Là t'as une bonne nouvelle. Ou bien par simple déduction... [tu te dis que] dans le

calendrier ils devaient parler de telle affaire. Le conseil des ministres c'est une équipe. Ils sont assez solidaires [et] liés par serment. C'est quand la solidarité s'effrite que tu peux avoir des bribes... s'il y a une lutte de pouvoir énorme, un groupe qui joue contre l'autre.

Deux autres informateurs politiques ont abordé le thème des luttes de pouvoir, notamment lorsqu'il s'agit du *leadership* contesté d'un chef. Un informateur est convaincu que la démission de René Lévesque a été causée par le complot de certains députés qui ont agi sous le couvert de l'anonymat, « avec trois ou quatre courriéristes », pour déstabiliser le fondateur du Parti québécois. Un autre informateur a mentionné que les sources anonymes ont joué un rôle dans la contestation du *leadership* de Claude Ryan, au début des années 1980, ce qui pourrait peut-être expliquer l'aversion, voire le mépris, que Ryan voue à ceux qui profitent de l'anonymat et aux journalistes qui leur accordent cette protection.

Il est fort possible que les sources anonymes soient plus disposées à faire état de jeux de coulisse et d'affrontements dans certaines circonstances (crise de *leadership*, effritement de la solidarité, etc.), ce qui expliquerait qu'il y en a peu dans mon échantillon. Par ailleurs, ce ne sont pas tous les courriéristes qui sont avides d'informations de coulisse si celles-ci ne révèlent rien de pertinent quant à l'information officielle, comme l'a suggéré un informateur qui a critiqué un courriériste de l'Assemblée nationale du Québec privilégiant ce type d'informations.

Contourner les contraintes

Lors de son enquête auprès des courriéristes et des sources d'information politiques en poste à l'Assemblée nationale du Québec, Charron a observé que l'anonymat permettait aux sources de contourner la règle du secret des débats au sein du conseil des ministres ou du caucus des députés, afin de faire certaines affirmations, ce qui m'a conduit à vérifier si, *généralement, un élu du parti gouvernemental jouira de l'anonymat pour produire des énoncés qu'il ne pourrait soutenir publiquement en raison de la règle du secret des débats au sein du conseil des ministres ou du caucus des députés.*

Il est impossible de confirmer une telle hypothèse avec certitude et rigueur, car la méthode de l'analyse de contenu ne permet pas de mettre au jour de telles motivations. Cependant, on sait que les énoncés des groupes d'acteurs du gouvernement du Québec sont, dans la très grande majorité, des propos neutres sur les décisions, les intentions et les stratégies de ce même groupe. Il est raisonnable de suggérer que, dans bien des cas, un élu ou un représentant du parti gouvernemental jouit de l'anonymat pour des énoncés neutres sur le plan normatif ou moral, mais sans doute avantageux sur le plan stratégique, comme on l'a vu plus haut. En effet, les représentants du parti au pouvoir font de tels énoncés neutres dans 132 cas sur 451 (29,2 %), ce qui est loin d'être négligeable. Rappelons que ces représentants du parti au pouvoir sont les sources reliées à *au moins* 46 % de tous les énoncés anonymes de l'échantillon — puisqu'un grand nombre de sources sont d'appartenance indéterminée et qu'on peut présumer que plusieurs appartiennent également au parti au pouvoir. Rappelons aussi que les actes de paroles les plus fréquents sont rapporter, supputer ou spéculer, analyser ou expliquer, ainsi qu'annoncer ou dévoiler des décisions, des intentions ou des stratégies. Rappelons finalement que les énoncés critiques, sur lesquels on s'attardera plus loin, ne constituent que 14,2 % de l'échantillon.

Même si leurs énoncés sont neutres (c'est-à-dire qu'ils ne vantent ou ne critiquent pas un groupe d'acteurs), les sources ne peuvent que rarement dévoiler publiquement et prématurément les décisions ou les stratégies de leur groupe d'appartenance, ou encore supputer ou essayer de deviner ouvertement les intentions de leurs collègues ou du premier ministre. On peut donc dire que la validité de l'hypothèse est à tout le moins vraisemblable lorsqu'on analyse le contenu des énoncés anonymes et qu'on constate qu'il serait très difficile pour un acteur politique du gouvernement de les rendre publics.

Les propos des informateurs sont révélateurs à cet effet. Un premier informateur politique dit que c'est ce qui s'est déroulé dans le cas de l'ex-premier ministre René Lévesque, lorsqu'il a démissionné à cause d'un « complot assez bien organisé pour [le] déstabiliser », et il affirme que les sources anonymes ont joué un grand rôle dans cet épisode de l'histoire politique du Québec, en s'acharnant sur Lévesque. Un autre reconnaît qu'il existe des barrages et que l'anonymat, « à l'occasion, ça fait l'affaire d'un certain nombre de personnages qui n'ont pas de courage non plus. Une source anonyme, c'est aussi une arme de faibles qui ont peur de se montrer sur la place publique pour un certain nombre de choses ». Un troisième informateur politique se distancie quelque peu des deux premiers, en insistant sur le fait qu'on « [...] peut dire beaucoup plus de choses que ce qu'on dirait si on était cité, parce [qu'on n']aura pas à répondre à des questions qui viennent de nos citations », faisant référence aussi aux questions des journalistes et de la spirale médiatique que peut créer une information, en forçant l'auteur d'une déclaration à accorder des entrevues à répétition. Il ajoute qu'il ne faut pas pour autant mentir, « non seulement pour des raisons morales, mais pour des raisons bien pratiques parce que ça finit par se savoir. »

Pour les informateurs journalistes, il va de soi que les sources jouissent de l'anonymat pour contourner les contraintes diverses et faire passer leur message dans l'opinion publique : « Oui, c'est la principale raison. Convoquer une conférence de presse pour dire ce qui s'est passé au conseil des ministres, t'as pas le droit de le faire publiquement. Tu peux toujours y aller via un *scoop*, tu peux envoyer quelqu'un d'autre, ça paraît moins évident. » Cette tactique peut s'étendre à l'appareil administratif et étatique, « le syndicat des ingénieurs d'Hydro-Québec a souvent torpillé Hydro-Québec sur des cas précis. Ça peut être une régie régionale qui parle du ministre de la Santé. C'est pas juste par partisanerie politique, c'est par intérêt... intérêts de groupes ou de *lobbys* », précise l'autre informateur journaliste.

Des énoncés peu critiques

Charron avait aussi noté que « les insatisfaits transigent souvent sur le marché noir de l'information et exigent des garanties de confidentialité et de discrétion » (1994 : 285), ce qui laisse croire que les *comptes rendus dans lesquels on retrouve des énoncés anonymes seront généralement de nature critique*.

La fréquence des énoncés à connotation négative dans le corpus est peu élevée (14,2 %), ce qui invalide cette hypothèse. Au contraire, comme on l'a bien vu jusqu'ici, les sources anonymes servent très rarement à exercer une telle fonction critique. Ces résultats sont également en contradiction avec une certaine rhétorique journalistique voulant que l'anonymat soit le lieu privilégié pour permettre aux insatisfaits de faire connaître au public des opinions dissidentes qui ne pourraient pas être exprimées ouvertement. Même dans les énoncés négatifs, les auteurs font référence à des décisions, à des affirmations ou à des stratégies, mais ils ne dénoncent certains comportements douteux qu'à l'occasion, et jamais dans la présente étude l'anonymat n'a servi à révéler un comportement malhonnête (fraude, détournement de fonds, népotisme, etc.). Cependant, à quelques reprises l'anonymat a permis à des sources anonymes d'attaquer des adversaires politiques, surtout entre représentants du parti au pouvoir et représentants de partis d'opposition.

Quand on demande aux informateurs de réagir à l'affirmation voulant que les énoncés anonymes soit généralement des propos critiques, des spéculations, des annonces, des ballons politiques ou des informations et détails techniques, on a droit à des réponses variées, mais aucune ne se distingue vraiment des autres.

En matière d'énoncés critiques ou à connotation négative, un informateur politique est revenu à la charge avec le cas de René Lévesque où « il y avait trois ou quatre journalistes qui se faisaient pisser dans l'oreille par des gens qui rapportaient des choses qui étaient plus ou moins exactes ». Un autre informateur est d'avis que les propos critiques prennent une grande place et se manifestent par le coulage d'informations pouvant nuire à certains dossiers ; il cite en exemple le projet de réforme de l'aide sociale de la ministre péquiste Louise Harel et accuse l'entourage de cette dernière d'avoir coulé de l'information pour nuire au ministre des Finances, Bernard Landry, qui ne voulait pas délier les cordons de la bourse, en 1997 surtout. Ce point de vue illustre bien ce que j'ai souvent souligné à propos des énoncés neutres sur le plan normatif qui ont néanmoins une valeur stratégique incontestable. Il est possible de nuire aux acteurs politiques sans s'attaquer directement à eux, par une dénonciation de leurs défauts, ou simplement en rendant publiques des informations qui les gênent, ou limitent leur marge de manœuvre par les réactions publiques qu'elles suscitent réellement ou qu'anticipe l'acteur politique « victime » de cette manœuvre. Un troisième informateur politique estime quant à lui que les propos critiques sont peu fréquents :

> En fait, ça vient toujours d'une opposition qui a peur de se montrer et veut en tirer profit. J'ai toujours été assez mal à l'aise au pouvoir [de tenir des propos contre des collègues], ce qui était différent dans l'opposition où on avait un leadership contesté. C'était différent, je te dis pas qu'aujourd'hui le traitement serait pas différent... ce serait probablement différent. Porter une critique vis-à-vis d'un collègue, même anonyme, c'était dommageable et tu commençais à effriter la solidarité, même si à l'interne t'es pas toujours d'accord. Il y avait des collègues qui utilisaient ça, c'est évident.

Cet informateur avoue cependant avoir lui-même manœuvré pour que soit connue publiquement l'insatisfaction à l'égard du *leadership* de l'ex-chef libéral Claude Ryan, notamment lorsqu'il a été question que des députés du PLQ défient la ligne de parti et se rendent à Ottawa lors du jour du rapatriement de la Constitution canadienne, en 1982. « C'était vrai, fallait que ça sorte, que le message soit clair que c'était le début de la fin ou la fin de la fin, c'était clair que c'était une information de qualité qui était sortie *front page*, exactement comme on souhaitait... ça avait frappé. » Cette décision alliait le désir de contourner les contraintes formelles de la solidarité partisane (jeux de coulisse) et l'utilité de faire savoir que le chef était contesté à l'interne. Dans ce cas, les sources et le journaliste ont procédé à une transaction pleinement satisfaisante, compte tenu de l'importance objective de l'information et des réactions qu'elle a suscitées.

Un informateur journaliste distingue deux types de propos à connotation négative. « Il faut diviser ça en deux, tu peux être critique pour que ce soit débattu en public ou bien ça peut être une vengeance » ; tandis que l'autre informateur journaliste estime qu'il y a beaucoup de propos critiques qui émanent des sources anonymes et considère « le *fun*, par exemple, de jouer un ministre contre l'autre. Tu appelles un ministre pour demander si c'est vrai qu'il a volé une direction générale à l'autre et il va te dire "ce maudit-là il fait un *burn out*", il va te le dire *off* ».

Quant aux spéculations, deux informateurs politiques estiment qu'elles caractérisent peu les informations anonymes, et le troisième précise que

> [d]ans tout gouvernement, il y a dix personnes que les journalistes vont appeler, ils vont faire des commentaires, ils vont spéculer. Il y a une règle, ceux qui savent parlent pas et ceux qui parlent savent pas. Je me méfierais à mort des spéculations, d'ailleurs c'est classique [...] t'entends un tas de choses et finalement tu regardes ça un mois après, quand la nouvelle est arrivée et, effectivement, c'est pas celle-là qui avait été prévue.

Les informateurs journalistes ne s'entendent pas non plus. Un premier admet qu'il y a beaucoup de spéculations, tandis que l'autre est plutôt d'avis que les informations anonymes portent surtout « sur ce qui s'est passé. Il peut avoir des spéculations, c'est évident, mais si j'avais le choix je dirais que c'est ce qui se passe ou ce qui s'est passé. C'est souvent des faits. Il peut arriver qu'on dise telle chose s'en vient mais c'est beaucoup moins fréquent ».

Pour ce qui est des annonces et des ballons d'essai, la plupart de nos informateurs ont été plus loquaces, bien que d'avis différents. Un informateur politique parle des ballons comme d'une « préannonce, pas une annonce, où ça te donne un peu de recul pour voir l'ajustement que t'as à faire sur l'annonce principale ». Il ajoute : « On tient compte du public, c'est lui qui fait que tu restes ou pas, si t'en tiens pas compte il va finir par te rattraper. » Un autre informateur ayant été ministre a affirmé ne pas se souvenir

> d'avoir été soit l'instrument, soit le point de départ d'un ballon politique. Il y a une grosse mythologie là-dedans. Essayer de faire des affaires dans le public et après ça reculer, je pense que c'est pas bon. J'ai de la misère à croire que c'est vraiment pratiqué. La raison est simple, lancer un ballon politique, c'est comme allumer un sapin en plein été dans une forêt, tu peux mettre le feu aux autres. C'est toujours des armes à triple tranchant. Tu annonces pas une rumeur pour savoir ce que le monde va dire.

Cet informateur insiste sur l'utilité des sondages « sérieux [...] ceux qui ne sont pas publiés » et qui seraient plus révélateurs de l'opinion publique que les réactions suscitées par des ballons d'essai.

Les informateurs journalistes sont également partagés à ce sujet. Un premier fait valoir qu'il y a plus d'annonces que de ballons politiques, lesquels ne seraient « pas aussi fréquents que ce que l'on veut bien dire ». Le second estime

[...] qu'il y en a pas mal. Ça vient surtout des hautes autorités ça, par exemple le premier ministre, un ministère. Tout ça part toujours de très haut, ce sera pas un simple fonctionnaire qui va lancer un ballon. Tu tombes dans les hautes sphères. Ça arrive assez souvent, pas tous les jours mais, disons, pour les réformes, tu peux être certain qu'il va avoir avant un petit coup d'essai pour voir dans quelle direction ça s'en va, savoir si c'est bien reçu. Ça fait partie de la vie politique, de la *game* entre la presse et le monde politique.

En ce qui a trait aux informations et détails techniques qui pourraient être communiqués sous le couvert de l'anonymat, les informateurs sont à nouveau divisés sur cette question. Un informateur journaliste raconte :

> [...] tu auras parlé à un sous-ministre ou un haut fonctionnaire. Il se fait dédouaner auprès des autorités politiques, il va te dire : écoute, je te parle sur tel sujet parce qu'on m'a demandé de le faire. Mais il va te faire jurer huit fois de jamais le citer, de jamais l'attribuer. Mais il va te donner de l'information pertinente... Souvent on faisait ça (des *briefings* sans citer les fonctionnaires) avant les conférences fédéral-provincial (où les sources disent) : « Voici, on s'en va à Ottawa, voici ce qu'on s'en va chercher, voici les positions fédérales, on serait heureux si... » Ça permet de te situer, de voir c'est quoi les enjeux, de cibler les enjeux, voir s'ils ont atteint leurs objectifs ou non. C'est aussi très utile lors des budgets. Le gars te *bullshitera* pas. Les gars des Finances sont très bons au Québec, ils ont de bonnes réponses, ils vont même aller parfois jusqu'à contredire le ministre. Ils feront pas de politique, ils vont te dire : la réponse c'est ça, fais-en ce que tu veux !

Ce courriériste poursuit en disant que les cabinets politiques contrôlent de plus en plus l'information : « [...] de plus en plus on te dirige vers des sources autorisées. Ça t'amène toujours vers les mêmes personnes, au même noyau d'informateurs », de là l'importance, voire la nécessité de s'en remettre à des sources anonymes différentes des sources autorisées. L'autre journaliste est moins certain de la fécondité de l'anonymat lors de la transmission d'informations et de détails techniques car cela pourrait permettre d'identifier la source si elle révèle des détails que peu connaissent. C'est pourtant ce que les autorités politiques demandent aux fonctionnaires qu'elles délèguent auprès de la presse, selon ce qu'en dit le premier journaliste. Le porte-parole de la Maison-Blanche, Michael McCurry, raconte qu'il lui arrive de se présenter devant les journalistes en les avisant qu'il leur accorde une séance d'information « en tant que source anonyme » (Public Broadcasting System, 1998b : 1). Un informateur politique raconte son expérience personnelle où il a été délégué par ses supérieurs pour :

> donner la bonne version des faits, pour contrer la propagande du fédéral, c'était en somme ce qu'on appellerait aujourd'hui un *spin*, mais pas un *spin* malhonnête. J'ai jamais raconté des affaires qui [n']étaient pas vraies pour une raison bien simple, ça finit toujours par se savoir et tu perds de la crédibilité.

Un autre informateur politique est pourtant d'avis que la communication de détails techniques « est carrément du domaine d'explication, pas du domaine anonyme. C'est souvent pour non-publication même », de dire celui-ci, avant d'ajouter qu'une formule privilégiée consiste à consacrer une ou deux heures à des journalistes spécialisés pour leur expliquer les détails d'une réforme, « à ce moment-là t'es pas dans l'anonyme, c'est une démarche claire ».

Les résultats de la recherche indiquent que les énoncés critiques sont moins présents que semblent le croire ou que le perçoivent les informateurs politiques. Cela est peut-être dû au fait que ces informateurs estiment négatifs ou critiques des énoncés neutres (sur le plan normatif) qui contrecarrent leurs propres stratégies. À cet effet, un informateur politique avoue qu'il n'y a

> [...] rien de plus frustrant que de se faire couler un document que tu prépares depuis six mois, une politique ou un document qui se retrouve entre les mains d'un journaliste qui le publie... On est toujours en maudit contre le journaliste, mais il a fait sa *job*, peu importe la manière dont il l'a eu... Sur le coup c'est très frustrant, mais ça fait partie de la *game*. C'est dérangeant, ce sont les risques du métier. À partir du moment où toi tu le fais, il faut que tu acceptes le principe que d'autres puissent le faire, pour toutes sortes de motifs...

Des *scoops* et des primeurs

Si on émet l'hypothèse que le courriériste cherchera à se distinguer de ses collègues en accordant l'anonymat afin de publier des primeurs et des *scoops* qui différencieront sa production de celle des autres courriéristes, à l'intérieur d'un système basé non seulement sur la coopération, mais aussi sur la concurrence et, parfois, le conflit, on doit vérifier si les *journalistes qui accordent le plus souvent l'anonymat à leurs sources d'information produiront plus de primeurs et de* scoops *que leurs collègues qui accordent moins souvent l'anonymat.*

Sur le plan strictement statistique, cette hypothèse n'est pas solidement confirmée, mais une tendance intéressante se dégage tout de même. Chez J6, plus de 57 % des comptes rendus contiennent au moins une source anonyme ; cela lui permet de publier 32 des 43 primeurs recensées dans l'échantillon global (74,4 %) et 9 des 15 *scoops* (60 %). L'hypothèse est confirmée d'une certaine façon. Cependant, le rapport entre la proportion d'articles contenant des sources anonymes et la publication de primeurs et de *scoops* n'est pas aussi évident chez les autres courriéristes parlementaires de l'échantillon. Ainsi, J4 revendique deux primeurs et quatre *scoops* avec une proportion de 23,9 % d'articles contenant des sources anonymes, alors que J8 a une proportion de 34,6 % d'articles mais a publié seulement deux primeurs et aucun *scoop*.

La proportion de textes avec sources anonymes varie entre 20 % et 30 % pour la moitié des courriéristes parlementaires, celle de deux autres courriéristes se situe près de cette fourchette (J1 et J8), celle de J5 et J9 est nettement sous la moyenne, et celle de J6 trône au sommet. Cela permet de penser qu'il existe une proportion « normale » de textes avec des sources anonymes, mais que l'hypothèse devient valide lorsque la proportion se situe nettement au-dessus de ce seuil. Du reste, mes informateurs s'entendent sur la nécessité de recourir aux sources anonymes pour diffuser des informations pertinentes, sur une base régulière en quelque sorte, ce dont témoignent les résultats. Dans l'étude, J6 a une proportion presque deux fois plus élevée que le seuil *normal* qui pourrait se situer entre 20 % et 30 %.

Tableau 13
Primeurs et *scoops* en fonction du recours aux sources anonymes

Auteur	Articles analysés	Articles avec des sources anonymes	Proportion (%)	Rang	Primeurs	Scoops
J6	138	79	57,2	1	32	9
J8	26	9	34,6	2	2	0
J2	47	13	27,6	3	1	0
J10	27	7	25,9	4	1	1
J4	109	26	23,9	5	2	4
J3	67	16	23,5	6	0	1
J7	74	15	20,3	7	2	0
J1	58	10	17,2	8	3	0
J9	90	7	7,7	9	0	0
J5	6	0	0	10	0	0
	642	182	28,3	–	43	15

Pour mes informateurs, il va de soi qu'accorder l'anonymat est une tactique rentable en terme de primeurs et de *scoops*, même si ces derniers sont beaucoup plus rares que les premières. Mais une condition essentielle demeure la confiance. Selon un informateur politique, le journaliste doit avant tout être reconnu pour être une personne avec le sens de l'éthique. C'est certain qu'on a plus de chances d'avoir des *scoops* que quelqu'un d'autre qui va dire à gauche et à droite : un tel m'a dit telle chose. Ça va se savoir à un moment donné. Il faut une relation de confiance qui s'établisse, pour pas que la nouvelle soit triturée. Il faut un minimum de confiance entre les individus sur le plan de la nouvelle, pour qu'elle ne soit pas galvaudée non plus.

Ce politicien ajoute que la nouvelle ne doit pas sortir « n'importe comment », car le journaliste risque de ne plus avoir d'informations de cette source. Une fois établie la confiance, l'information circule avec fluidité, relate un journaliste :

Oui, accorder l'anonymat donne plus de primeurs et de *scoops*, parce que si quelqu'un a quelque chose à dire, il ira le voir [le journaliste]. C'est une question de crédibilité, de confiance au journaliste, en sachant fort bien que son nom sera pas étalé. Dans 90 % des cas [de *scoops*], c'est quelqu'un qui t'appelle. S'il t'appelle toi au lieu d'un autre, c'est peut-être parce qu'il a plus confiance en toi. L'autre 10 %, c'est l'histoire genre Watergate ou c'est un fait connu, mais les journalistes se sont dit "il y a plus que ça" et se sont mis à fouiller.

L'autre journaliste se montre réservé et déclare qu'accorder l'anonymat demeure son deuxième choix :

Généralement, je ne cherche pas à donner l'anonymat, parce que tout le monde se rend compte que ça enlève un peu de crédibilité. Quand tu as quelqu'un qui est cité *quote on quote*, comme on dit, avec des guillemets, et tu dis telle personne m'a dit telle affaire, ça a une force que tu peux pas nier. Quand tu ne fais pas ça, c'est sûr que ça enlève un peu de crédibilité, c'est-à-dire qu'il y a un transfert de crédibilité qui se fait, c'est toi qui prends sur ton nom.

Un informateur politique est d'avis que l'anonymat permet aux journalistes de publier des renseignements qu'ils n'auraient pas eu autrement :

Ça arrive des fois qu'on me demande : "Que pensez-vous de telle affaire ?" Je dis : Si tu es pour me citer, je pense rien. Je ne veux plus être [dans les médias]. Le monde me connaît assez, j'ai pas besoin d'être dans le journal parce que si j'y suis je vais avoir d'autres appels, la télévision va dire : "Ah ! vous avez dit telle chose..." Ça m'est arrivé souvent.

Les résultats suggèrent que plus un courriériste accorde l'anonymat à ses sources politiques, plus il est en mesure de publier de primeurs et de *scoops*, autant d'informations que les autres courriéristes n'auront pas. Mais mes informateurs révèlent l'importance que prend la relation de confiance dans cette transaction et la nécessité pour les courriéristes de préserver leur crédibilité, ce qui constitue une variable dont tient compte le journaliste dans son analyse des coûts et des bénéfices de la transaction. À cet effet, un informateur politique relate le cas d'un courriériste parlementaire de la presse écrite sévèrement critiqué par ses collègues qui lui reprochent ses amitiés libérales et qui boudent ses *scoops*. Les sources politiques ont donc intérêt à diversifier les courriéristes avec lesquels elles font affaire :

> On les connaissait très bien ceux avec qui on pouvait échanger, par contre tu peux pas le faire de manière très soutenue parce que la nouvelle vient qu'elle a plus de crédibilité. On a vu ça dans la presse parlementaire qu'une nouvelle anonyme, qui est une bonne nouvelle, n'est pas toujours reprise par les autres médias [à cause de la réputation du courriériste]. Il y a un cas très patent qui, finalement, avait plus souvent qu'autrement un bon *scoop* qui était pas repris [par les autres quotidiens].

Le courriériste doit par conséquent diversifier ses sources d'information, autrement il risque d'être perçu comme une « boîte à malle si plusieurs individus dans un gouvernement se servent [de lui]. Alors le jugement extérieur devient une critique de "boîte à malle" ». Cet informateur estime que la crédibilité d'un courriériste peut aussi être attaquée à partir de considérations idéologiques :

> Je ne suis pas dans les salles de rédaction. Je ne suis pas dans la tête des courriéristes parlementaires et des journalistes, mais il y a certainement des clivages politiques qui viennent influencer ou jouer, c'est peut-être plus subtil, mais sur le plan du jugement il y a définitivement de ça et on l'a observé à plusieurs reprises.

Une stratégie productive

Obligés de produire leur ration quotidienne d'articles, les courriéristes doivent contourner une contrainte de taille : le silence des informateurs politiques de l'Assemblée nationale du Québec. Il était donc adéquat de vérifier si les *courriéristes parlementaires qui citent le plus des sources anonymes produisent davantage de comptes rendus que leurs collègues qui ont moins recours aux sources anonymes.*

Afin de procéder à des comparaisons équitables, je me limiterai ici aux courriéristes qui ont publié régulièrement des comptes rendus pendant les deux années de l'étude, la production des autres ayant été affectée par des décisions diverses.

La proposition est valide dans trois cas sur cinq puisque J6, J4 et J7 ont des résultats compatibles avec l'hypothèse, alors que J3 s'en approche beaucoup. Il n'y a que J9 qui se démarque considérablement de ses quatre concurrents de la presse écrite quotidienne. On sait que ce dernier est le seul de son entreprise de presse à couvrir l'information officielle, alors que J6 et J4 travaillent pour des quotidiens qui ont plus de ressources, ce qui leur permet de se consacrer moins à l'information officielle et davantage à l'information officieuse. Leur production est complétée respectivement par J7 et J3, qui ont tous deux plus de 20 % de leurs comptes rendus avec au moins un énoncé anonyme.

Tableau 14

Auteurs	Articles analysés (rang)	Articles avec sources anonymes (rang)	Proportion (%)
J6	138 (1)	79 (1)	57,2
J4	109 (2)	26 (2)	23,9
J9	90 (3)	7 (5)	7,7
J7	74 (4)	15 (4)	20,3
J3	67 (5)	16 (3)	23,5

Chez mes informateurs, cette proposition fait l'unanimité, mais ils y apportent des nuances. Ils insistent premièrement sur la perspicacité des courriéristes. « Ça dépend de chacun, il y a des journalistes qui ont beaucoup d'expérience avec l'information anonyme, qui ont un pas pire jugement. Ça peut faire quelqu'un qui va produire beaucoup plus, mais c'est pas tout le monde qui est capable de faire ça. Ça prend une longue expérience », fait valoir un premier informateur politique. Un second se borne à affirmer qu'un courriériste sera plus productif s'il a accès à plus de renseignements, simplement parce que la « ressource » est plus abondante.

Il est aussi question de la sensibilité des courriéristes sur certains sujets bien précis. « Il y a des sensibilités plus grandes et des sujets plus faciles à traiter, c'est dépendant de ce qu'il y a dans le paysage politique. Je crois fondamentalement qu'il y a plus de complicité... le terme est peut être fort... plus de compréhension et de sympathie dans les causes défendues par le PQ que celles défendues par le PLQ (chez les courriéristes) », propose un autre informateur politique d'allégeance fédéraliste qui y voit un facteur d'influence sur la productivité de certains courriéristes parlementaires.

Quand on leur demande si produire davantage est un objectif, les informateurs journalistes font valoir que la quantité n'est pas le principal critère, qu'il faut plutôt s'intéresser à la qualité de l'information obtenue de source anonyme. Ils reconnaissent rapidement que le recours à l'anonymat peut permettre de produire davantage, mais ils ajoutent aussitôt que cela n'est pas l'objectif, ou plutôt ne l'est plus. Un journaliste témoigne :

Je dirais [une production] de plus haute qualité, qui ne se mesure pas nécessairement au nombre d'articles que tu fais. Il faut pas perdre de vue qu'il y a la nouvelle officielle, donnée par la Presse canadienne, c'est sa *job*, mais ceux qui travaillent pour les quotidiens peuvent aller plus loin que cette nouvelle officielle qui est assez plate. Tu peux produire moins, mais tu peux produire avec plus d'impact, ce qui fait vendre d'abord ton journal, si on veut être terre à terre, et qui te donne plus de visibilité. Je pense pas que ce soit une question de volume.

Son collègue est très loquace sur cette question. « Produire davantage n'est pas un objectif. Ça l'a déjà été », fait valoir ce journaliste qui ajoute que les courriéristes n'ont pas tous le même mandat. Il compare J6 et un autre journaliste qui n'a presque jamais recours aux sources anonymes et ajoute qu'ils peuvent produire le même nombre de textes, mais c'est J6 qui a « le texte du jour. Il a trouvé l'élément neuf, alors tu peux pas mesurer ça en termes de production, je trouve que c'est un faux critère en quelque sorte. » Il ajoute :

> De toute façon, le nombre de pages est limité dans les journaux, souvent les pupitres s'arrachent les cheveux quand tu leur annonces des textes. Les commandes, souvent, c'est : « sois concis, fais moins de textes, au lieu de cinq, fais-en deux solides ». Le critère de produire davantage n'existe plus, c'est davantage le critère de produire des choses pertinentes et nouvelles. La commande des journaux maintenant, c'est ça. Ils aiment mieux avoir un texte aux deux jours qui est très bon que trois textes par jour qui est la couverture dite officielle [déjà assurée par la Presse canadienne].

Cette interprétation de la *qualité* de l'information est conforme aux résultats rapportés plus haut, quand je montrais que les articles contenant des sources anonymes étaient proportionnellement plus visibles dans les meilleures pages du journal que les articles sans sources anonymes. Dans plusieurs cas, l'énoncé anonyme fait la différence entre un texte *correct* et un texte qui contient des éléments originaux pouvant susciter des réactions politiques.

Mes informateurs politiques partagent partiellement ce point de vue. « Produire davantage est un objectif. Il y a de la compétition entre les journalistes, mais moins qu'on pense. Je pense que, dans certains journaux, les journalistes doivent produire tant (d'articles) et ils font des *short cuts* parfois pour avoir de l'information », de confier un de ceux-ci, en ajoutant que le recours à l'anonymat n'est pas toujours un *short cut*, car le courriériste évaluera la qualité de l'information obtenue. Un autre informateur ne pense pas que l'objectif premier soit de produire davantage : « Non, je te dirais que c'est pas en termes de quantité, c'est en termes de qualité de l'information. Ça va avec le statut. Plus t'en sors, plus tu sors d'éléments qui s'avèrent vrais par la suite, plus t'as des gens qui vont probablement vouloir faire affaire avec toi s'ils ont quelque chose à sortir. »

Les résultats quantitatifs, qui ne valident que partiellement la dernière hypothèse, ajoutés aux témoignages des informateurs incitent à croire que, de plus en plus, l'anonymat a une fonction de distinction non pas de la quantité mais de la qualité et de l'impact de la production journalistique. Je suis cependant porté à croire que ce constat s'applique en temps *normal*, c'est-à-dire lorsque ne sévit aucune crise ou qu'il n'y a aucune élection en cours. Dans ces dernières circonstances, la pression des entreprises de presse est forte pour que leurs courriéristes produisent des comptes rendus. Lors de l'affaire Clinton–Lewinsky, par exemple, la dépendance des journalistes aux sources anonymes a été plus marquée au début de la semaine, lorsque l'obligation de produire des comptes rendus était incontournable et que la concurrence était à son paroxysme, mais elle a diminué après quelques jours. Des journalistes américains ont reconnu que la pression subie pour produire des textes les a forcés à tourner le dos aux normes institutionnelles et personnelles qui les incitent d'habitude à identifier leurs sources (Media Studies Center, 1998 : 2).

Les fantômes se manifestent en périodes d'activité politique intense

J'ai constaté une hausse des sources anonymes à certains moments précis de 1994 et 1995. Ainsi, j'ai recensé plus du tiers des comptes rendus avec au moins une source anonyme (36,8 %) pendant six semaines (25 % de l'échantillon) fécondes sur le plan de l'actualité politique. Dans la semaine de janvier 1994 du corpus, où Daniel Johnson a formé son conseil des ministres, il y eut 27 comptes rendus, dont 16 contenant des énoncés anonymes. Les semaines d'août et de septembre 1994 retenues pour l'analyse coïncidaient avec la campagne électorale et ont permis la publication de 71 comptes rendus (38 et 33 respectivement), dont 22 avec des énoncés anonymes (11 par semaine). À l'automne 1995, la campagne référendaire a laissé sa marque dans les semaines de septembre et d'octobre (45 et 38 comptes rendus dont 12 et 10 avec sources anonymes), tandis que la démission de Jacques Parizeau et la venue anticipée de Lucien Bouchard ont marqué la semaine de novembre 1995 étudié (17 comptes rendus dont 7 avec sources anonymes). Bref, 25 % des semaines du corpus rassemblent près de 31 % des comptes rendus, et environ 37 % de ceux qui contenaient au moins un énoncé anonyme, comme l'illustre le prochain tableau.

Il y aurait donc un lien entre la présence d'informations anonymes dans les articles de journaux et le fait que les acteurs politiques et médiatiques se trouvent dans des situations particulières qui les incitent à augmenter de manière significative le volume de leurs transactions sur le marché noir de l'information, chacun y trouvant bien entendu son intérêt. Cela a également été vérifié pendant les premiers jours de l'affaire Clinton–Lewinsky.

Mais au-delà de la quantité de l'information transigée en échange de l'anonymat, il faut s'interroger sur la qualité de l'information anonyme diffusée lors des périodes d'activité politique intense. Un des informateurs politique a

Tableau 15
Sources anonymes en périodes d'activité politique intense

Nombre de semaines d'activité politique intense	6/24	25 %
Proportion des comptes rendus produits lors de cette période	198/642	30,8 %
Proportion des comptes rendus avec sources anonymes *vs* production de la période d'activité politique intense	67/198	33,8 % *
Proportion de comptes rendus avec sources anonymes *vs* production totale de comptes rendus avec sources anonymes	67/182	36,8 %

* Pour l'ensemble du corpus, la proportion de comptes rendus avec sources anonymes est de 28,3 % (182/642).

apporté une nuance à la fin de l'entrevue, en disant que les règles changent en temps d'élections, qu'il se sent plus justifié de fournir des informations douteuses aux courriéristes, et ce dans le but que leur diffusion maintienne la ferveur des militants :

> [En temps normal] il y a de la manipulation, tu veux que le nouvelle soit connue et influence, mais c'est pas trompeur. Encore là, je vais faire une exception ; en campagne électorale. C'est vraiment une bataille d'influence, toutes les règles dont on a parlé je te dis tout ça est bon, tout est correct en dehors des campagnes électorales. Alors, c'est la vie ou la mort. C'est évident que les sondages [ont] une importance capitale sur la mobilisation des troupes. Je te dirais qu'à l'élection de 1981, avant que le sondage de *La Presse* sorte, 10-14 jours avant le scrutin, on n'avait pas de sondage nous autres parce que M. Ryan n'en voulait pas, parce que son sondage à lui était ce qu'il entendait sur le terrain et ce qu'il entendait c'était bon, alors que nous autres, comme guides, on voulait des sondages. Pour contrer les effets négatifs d'un sondage qui venait, on a fait une analyse très serrée de tout ce qui était ethnique et anglophone et on avait réussi à faire la démonstration, à y croire un bout, que ça allait être une élection serrée, que c'était pas perdu. Pour minimiser l'impact d'un sondage négatif, on a fini par y croire, on a convaincu d'autres que c'était vrai. Pour se rendre à la fin de la campagne. Ça coulait dans les médias. La difficulté, c'est quand t'es chef de troupe, tu vas pas dire que tu gagneras pas. Tu peux pas demander ça à un *leader*, l'espérance est toujours là. C'est pas parce que tu veux mentir, mais t'as des responsabilités qui t'obligent à être, à l'occasion, démesurément optimiste pour que les troupes suivent. Puis, tu le sais pas, il peut [y] avoir un incident en cours de campagne qui renverse la vapeur et tu peux continuer.

En résumé, l'anonymat permet de produire davantage de comptes rendus, mais ce critère n'est plus aussi important, puisque certains informateurs insistent sur la qualité et l'impact de l'information obtenue, un phénomène dont témoignent certains résultats de l'analyse de contenu, notamment l'emplacement privilégié dans les journaux des articles avec des sources anonymes. De plus, des situations objectives (crises, élections, etc.) et des dispositions personnelles (perspicacité, sensibilité, idéologie, etc.) influencent grandement la production des courriéristes, sans compter les contraintes organisationnelles (limites d'espace, ressources, etc.).

LA BALANCE DES INCONVÉNIENTS

LORS des entrevues avec les informateurs politiques et journalistiques, quelques autres questions plus ou moins liées aux hypothèses ont été abordées afin de mieux cerner l'attitude générale des informateurs à propos des sources anonymes. Il était surtout question de procéder à la balance des avantages et désavantages pour les trois groupes d'acteurs du triangle de la communication politique, soit les journalistes, les sources d'information et le public. En ce qui concerne les acteurs politiques et médiatiques, ce survol permet d'avoir une meilleure idée des éléments considérés dans le calcul des coûts et des bénéfices auquel ils peuvent se livrer, tout comme de l'évaluation qu'ils se font des avantages et désavantages qui résultent de cette transaction pour le public, qui en est physiquement absent, mais dont la présence symbolique peut avoir un certain poids dans la rhétorique et les décisions des acteurs.

Du côté des médias

Quand on lui demande quels sont en général les avantages et désavantages pour les courriéristes de recourir aux sources anonymes, un informateur politique fait implicitement référence au mimétisme des courriéristes et fait valoir que cette tactique permet

> [...] de sortir quelque chose plus rapidement, mais encore là, si tu sors quelque chose et que tu t'es trompé, le lendemain tu te fais cogner. Je pense que le journaliste veut toujours sortir ça avant les autres, ça fait partie de la génétique d'un journaliste de vouloir ça le premier, d'être plus clairvoyant que les autres. C'est rare à

Québec. Habituellement, après une conférence de presse dans le parlement, les gens vont dans le corridor et font consensus pour savoir c'est quoi la nouvelle le lendemain.

Un journaliste estime que l'avantage vis-à-vis des autres courriéristes est « d'avoir une information plus pertinente, plus *hot*, plus sensible. T'es proche des décisions lors des élections, des référendums ou des remaniements ministériels ». Un autre journaliste ajoute que « ça démontre qu'il est pas payé [le courriériste] pour reproduire ce que font les agences. Il peut se démarquer. Les gens [l'employeur] te nomment aussi pour ton réseau d'information ». Cela permet d'acquérir « une certaine réputation, une certaine crédibilité, une certaine jalousie aussi, faut le dire, de la part des autres qui aiment pas voir un collègue devenir la vedette d'un jour peut-être ». Ce dernier insiste sur ce désavantage qui se manifeste surtout lorsque l'information anonyme s'avère inexacte :

> Il y en a un qui suscite certaines jalousies et envies, et qui se fait planter quand il sort un *scoop* ou une primeur qui s'avère pas, qui n'est pas vraie, qui arrive pas. Il y a beaucoup de collègues qui sont contents. Ils disent « une autre balloune à [il nomme un journaliste] ». J'ai entendu ça souvent. D'autres calculaient le nombre de primeurs qui étaient vraies. C'est le côté désavantageux. C'est sûr que certains peuvent se faire reprocher par leur boss « comment ça se fait que tu l'as pas eu, c'est dans *La Presse* aujourd'hui, tu l'as pas eu, tu sors jamais de *scoops*, tu devrais fouiller plus, grouille-toi, parle au monde, sors un peu de ton bureau ». J'ai déjà entendu ça, même assez souvent. Ils se font comparer à lui et ils aiment pas ça.

Cette forme de sanction de groupe est confirmée par l'autre journaliste : « Tu peux te faire narguer, on te dit "on sait bien, t'as une nouvelle ce matin, t'as cité personne". De la concurrence, parfois de la jalousie. Ça joue du coude, personne n'en meurt. C'est les règles du jeu ».

Ces réactions négatives du groupe de courriéristes sont celles qu'un informateur politique classe dans la catégories des réactions du

> [...] paresseux qui va dire « Ce baptême, il a des nouvelles plus détaillées que les miennes parce qu'il a réussi à téter des renseignements », alors il va y avoir de l'envie. Et il va avoir une autre réaction qui est « C'est pas correct d'aller chercher des sources anonymes », il va avoir du mépris en somme. De l'envie et du mépris.

Un autre désavantage est d'être étiqueté, tel ce courriériste dont les nouvelles étaient peu reprises « parce que, pour plusieurs, [il était] très collé à la philosophie libérale », rapporte un informateur politique.

Selon mes informateurs, le recours aux sources anonymes de la part des courriéristes est surtout avantageux pour les entreprises de presse. « Ça fait sortir du *stock*, vendre de la copie. Ça permet d'avoir quelque chose en dehors de la tendance générale », dit un informateur politique. Un journaliste ajoute que « c'est valorisant d'avoir une information de haut niveau que les autres n'ont pas ». Il précise que certaines entreprises de presse font de la pression pour que leurs courriéristes en mettent davantage : « Il y a même des directions qui seraient prêtes à aller plus loin que les journalistes. Elles vont mettre de la pression pour écrire des choses plus ou moins appuyées, pour faire un *stunt* ». Mais les avantages sont réels aussi longtemps que l'information anonyme est de qualité, « à condition de ne pas se tromper, de ne pas dire des faussetés », selon un informateur politique.

Du côté des sources politiques

Pour les sources d'information, jouir de l'anonymat a l'avantage de permettre de « rendre public ce qui est connu dans un cercle très limité et qui peut à l'occasion nuancer une critique ou renforcer carrément la position d'un ministre ou d'un sujet qui est prioritaire pour le gouvernement », assure un informateur politique.

Cela permet également aux sources d'évaluer le travail des courriéristes. Un journaliste explique :

> Les gens te lisent, t'évaluent. Ils peuvent te dire « dans ce dossier, là t'étais pas mal proche, tu l'avais pas mal, la vérité ». Ça peut jouer, ça peut avoir un effet d'entraînement et la prochaine fois ils vont te faire confiance. Ça va jouer dans les cabinets, ces gens-là se parlent aussi. Les attachés de presse se réunissent ensemble et se parlent.

Un autre estime que l'anonymat a l'avantage de permettre à des gens non autorisés de parler aux journalistes et de faire passer leurs messages. Les sources peuvent faire débloquer un dossier de cette façon, suggère-t-il.

Mais les sources sont aussi menacées par l'existence d'informateurs anonymes qui peuvent contrecarrer leurs projets. Un journaliste commente :

> Je pense que les sources n'aiment pas ça généralement, parce qu'elles savent pas ce qui leur pend au bout du nez. Elles savent pas ce qu'il va avoir demain et ça peut être leur tour. Mais faut faire une distinction, c'est pas bon pour cette personne impliquée, mais d'autres personnes, par exemple des partis d'opposition, seront contentes.

Un informateur politique croit qu'un bon tacticien doit savoir à quel jeu il joue et prévoir ce qui risque d'être diffusé, car l'information anonyme peut engendrer des réactions négatives inattendues.

Du côté du public

Selon un informateur politique, le public serait bien servi par l'existence de sources anonymes qui lui donnent « un accès à l'arrière-scène et aux véritables motifs ». Selon lui, le risque de manipulation de l'opinion publique est minime de la part des sources politiques, comparativement aux messages que véhiculent les groupes de pression, les *lobbys* et les associations. « C'est très bon, c'est surtout lui [le public] qui en tire le plus d'avantages, qui, autrement, ne serait pas informé avant longtemps et peut-être jamais sur certains aspects de la vie politique. C'est lui qui est le grand gagnant là-dedans », avance un journaliste. Bob Woodward, pour sa part, admet que les informations anonymes sont parfois fausses, mais il rappelle avec raison que plusieurs des déclarations officielles et publiques sont fausses, citant le cas du président Clinton qui a nié plusieurs fois avoir eu des relations sexuelles avec Monica Lewinsky, avant de l'avouer devant un grand jury (Public Broadcasting System, 1998a : 2). Du reste, Woodward préfère contrevérifier les informations anonymes que les bannir des comptes rendus.

Au nombre des désavantages pour le public, les informateurs ont évoqué la possibilité que l'information anonyme ne soit pas toujours exacte, bien que tous estiment qu'elle le soit au moment d'être communiquée, mais que les événements peuvent modifier le résultat ou des décisions.

On peut pourtant soutenir que c'est au chapitre de la véracité des informations anonymes que l'intérêt du public est le plus en cause. Malheureusement, il est très difficile d'établir avec rigueur ce qui retourne exactement de cette véracité. En effet, dans beaucoup de cas, la période de temps qui s'écoule entre la diffusion d'une information de source anonyme et l'éventuelle concrétisation de ce qui y était annoncé complique grandement le travail du chercheur. De plus, il peut exister des différences notables entre ce qui a été annoncé sous le couvert de l'anonymat et ce qui se produit réellement, ce qui implique que l'information était en partie vraie, en partie fausse. C'est du moins ce que révèle le survol du corpus, dont le mode d'échantillonnage ne permet pas de suivre au jour le jour le développement d'une nouvelle, puisque je n'ai retenu qu'une semaine de production pour chaque mois des années 1994 et 1995. Cependant, j'y ai trouvé, ici et là, des informations anonymes fausses, notamment sur des promotions de hauts fonctionnaires. Bien entendu, j'y ai aussi trouvé des informations anonymes, diffusées de façon prématurée, qui se sont avérées justes par la suite. Ce fut le cas de l'annonce de candidatures en vue des élections ou de la publication, en primeur, des conclusions de groupes de travail. Il est donc impossible, pour le moment, de procéder à une critique documentée de cette pratique en prenant la véracité de l'information anonyme comme unique critère, bien qu'il faille toujours déplorer la diffusion d'informations fausses de la part de journalistes dont le premier devoir demeure la recherche rigoureuse et la diffusion d'informations vraies.

Il faut cependant ajouter que, après une analyse de la véracité des spéculations journalistiques concernant la composition du conseil des ministres du gouvernement du Québec, lesquelles sont exclusivement basées sur des sources anonymes et, peut-être, les extrapolations des courriéristes eux-mêmes, force est de constater que le taux de réussite est rarement acceptable. En effet, les courriéristes parlementaires sont peu fiables quand ils se prêtent à ce jeu qui est souvent commandé par leurs supérieurs, et le taux de réussite diminue généralement en proportion inverse du nombre de postes qui ont fait l'objet de spéculations et du temps qui sépare la prédiction du dévoilement officiel.

En 1995, par exemple, Denis Lessard, de *La Presse*, affichait un taux de réussite de 56 % lors de la formation du cabinet de Jacques Parizeau, et Gilles Boivin, du *Soleil*, terminait l'exercice avec une note d'environ 30 %. Ces deux journalistes avaient fait respectivement 20 et 26 spéculations sur les 35 postes à combler. Leur collègue Michel Venne (*Le Devoir*), pour sa part, circonscrivait à cinq le nombre de ses spéculations et obtenait un *score* de 80 %. Dans une seconde tentative, Lessard ramenait ses spéculations à neuf postes et obtenait un *score* parfait de 100 %. En fait, en bornant les spéculations à certains postes clés, on pouvait y prédire plus facilement la nomination de certains acteurs politiques de premier plan, tel Bernard Landry aux Finances ou Jean Rochon à la Santé.

En janvier 1996, lors de la formation du premier cabinet Bouchard, Lessard obtenait une note de 52 %, Venne frôlait 53 %, tandis que Donald Charette (*Le Soleil*) atteignait 100 %, après n'avoir fait que deux spéculations toutefois. Aucune des trois spéculations d'André Bellemare, de la Presse canadienne, ne s'est réalisée. En août 1997, lors d'un miniremaniement, Lessard a vu juste dans tous les cas. La situation s'est dégradée le 23 septembre 1998, lorsque les courriéristes Denis Lessard, Mario Cloutier (*Le Devoir*) et Michel Corbeil (*Le Soleil*) nous annonçaient des changements importants, voire un grand coup de balai au sein du conseil des ministres, mais rien de tel ne s'est passé.

En septembre 1998, Lessard n'a pas eu la note de passage, avec seulement 55 % de prédictions bonnes, tandis que Cloutier s'en tirait avec 50 %. Corbeil a obtenu 75 %, mais il n'avait spéculé qu'à propos de quatre portefeuilles. Toujours à ce moment, Lessard annonçait un embryon de ministère de la Jeunesse qui n'a jamais vu le jour, mais il a été le seul à dévoiler à l'avance que le premier ministre Lucien Bouchard y nommerait un ministre non élu, sans être en mesure d'en donner l'identité, cependant. Cloutier affirmait que le ministre responsable du Trésor, Jacques Léonard, quitterait la politique si des élections générales avaient lieu à l'automne, ce qui n'a pas du tout été le cas, puisque Léonard s'est présenté aux élections de l'automne 1998. Corbeil écrivait que le premier ministre Bouchard allait « frapper un grand coup » : trois ministres seulement ont été touchés par ce remaniement.

Le même scénario s'est reproduit en décembre 1998, lors de la formation du conseil des ministres ayant suivi la victoire du Parti québécois du 30 novembre, élections automnales où Jacques Léonard a été réélu. Le courriériste Jean-Marc Salvet (*Le Soleil*) a vu juste dans 57 % de ses 21 prédictions, et ses spéculations ont trouvé place en page A10 ; son collègue Mario Cloutier avait un *score* légèrement supérieur (61 %), et son texte a été publié en page A1. Quant à Lessard, il s'y est repris à deux fois. Sa première tentative, publiée en page A1 du lundi 14 décembre, lui a valu une note de 68 %. Le lendemain, jour de l'assermentation, il se retrouvait en page B1 où ses spéculations lui ont valu le *score* de 90 %, un *score* enviable pour ceux qui croient en l'utilité stratégique de ce genre d'exercice.

Par leur nature, ces fausses anticipations sont similaires à celles qui nous annonçaient que le président américain Bill Clinton s'était laissé emporter lors de son témoignage à huis-clos, toujours dans le contexte de l'affaire Lewinsky. La diffusion intégrale de cette déposition a réfuté ces informations et démontré le peu de fiabilité de certaines sources anonymes, en plus de jeter un peu de discrédit sur cette pratique. Une enquête américaine menée en 1998, dans la foulée de l'affaire Clinton–Lewinsky, a démontré que les gens qui ont eu affaire aux médias en gardent un souvenir plus négatif que les autres en ce qui a trait à leur crédibilité. Les chercheurs ont aussi constaté que le public américain fait preuve de scepticisme envers les sources anonymes. En réalité, plus de 75 % des personnes interrogées ont fait part de leur inquiétude à propos de la crédibilité des nouvelles basées sur les sources anonymes, et 45 % étaient même d'avis que de telles nouvelles ne devraient pas être diffusées si personne n'accepte d'être identifié. À tout le moins, ont fait valoir des participants à des groupes de discussion, les journalistes devraient expliquer pourquoi ils ont recours à des sources fantômes (American Society of Newspaper Editors, 1998 : 1-2).

Bien entendu, les courriéristes de l'Assemblée nationale du Québec sont rarement affirmatifs dans leurs spéculations qui sont presque toutes écrites au conditionnel, mais cette tradition aurait intérêt à être révisée compte tenu qu'elle a le plus souvent pour conséquence d'induire le public en erreur, tout en prenant beaucoup de temps aux courriéristes qui ne peuvent se consacrer à diffuser des informations d'une qualité assurée. Il va sans dire que le même commentaire critique s'adresse aux gestionnaires de salle de rédaction qui mettent de la pression sur leurs courriéristes pour qu'ils se plient à cet étrange jeu qui intéresse tant la classe politico-médiatique, mais laisse indifférent le grand public, aux prises quotidiennement avec des problèmes nettement plus prosaïques et urgents.

Adoptant une posture beaucoup plus critique, la politologue Anne-Marie Gingras est d'avis que les spéculations sur la formation du conseil des ministres sont des informations « parfaitement inutiles » qui vise à flatter l'ego des journalistes qui aiment faire partie d'un « cercle d'initiés, celui des gens du pouvoir » (1999 : 49). Le sénateur américain Alan K. Simpson, prenant la parole lors d'un congrès de la Newspaper Association of America, en 1996, adressait le même reproche aux journalistes sur place. Il leur disait alors qu'en cette ère où le cynisme règne les Américains croient que les journalistes sont en fait les sources anonymes dont ils prétendent rapporter les propos ! Leur demandant d'abandonner cette pratique, il plaidait pour que les responsables de salles de rédaction tiennent compte du droit du public à connaître la vérité et s'intéressent aux importants projets de lois qui sont adoptés plutôt que de s'attarder aux confrontations d'individus, en citant des « sources de haut niveau » (1996).

Invitant les citoyens à mieux décoder la nouvelle politique afin d'être mieux informés, le politologue W. Lance Bennett affirme que les acteurs politiques qui profitent de l'anonymat agissent souvent de manière irresponsable, en incitant les médias à diffuser des rumeurs et des insinuations. Selon lui, certaines sources décrites comme étant proches du pouvoir peuvent donner de la crédibilité à l'information diffusée mais, en général, les citoyens devraient accorder plus de poids aux sources anonymes qui prennent le risque de s'opposer à leur propre formation politique, plutôt qu'à celles qui ne cherchent qu'à faire avancer leurs causes et leurs intérêts (1996 : 201). Or, nous l'avons vu, les jeux de coulisse sont plutôt rares (6 % des énoncés anonymes), même chez les sources anonymes...

Le mot de la fin

Les entrevues avec les informateurs politiques et journalistiques ont permis de constater que, généralement, aucun d'eux ne s'insurge contre les sources anonymes, au contraire.

« Je considère que c'est normal, que c'est pas de la lâcheté d'utiliser des sources anonymes. Dans notre société où il y a le *politically correct*, il y a un tas de choses que tu ne peux pas dire. Pour intervenir publiquement, il faut quasiment que tu sois hypocrite. Comme la société t'oblige à être hypocrite, dans le sens que tu peux pas dire tout ce que tu penses, comme d'un autre côté il faut quand même que le public sache ce qui se passe, les sources anonymes peuvent compenser. Ça permet de contourner cette dictature », avoue une source politique.

Un autre informateur politique croit que l'anonymat permet aux élus et aux journalistes de remplir leur mandat de serviteurs : « [L]'objectif premier est que le public soit informé d'un certain nombre de faits sur les hommes, les politiques. Autrement t'as de l'information qui sortirait pas ».

Un journaliste trouve quant à lui le métier plus intéressant grâce à l'information anonyme : « Tu te sens beaucoup plus utile à la société. D'abord, tu te dis : si je fais débloquer certaines choses ou si j'empêche telle ou telle manœuvre d'avoir lieu tant mieux. C'est là que tu peux démontrer vraiment le pouvoir de la presse, avec des sources anonymes. Tu peux faire bouger les affaires d'une manière incroyable ». Un autre insiste sur l'importance de contourner le contrôle des informations qui est de plus en plus présent dans tous les secteurs d'activité de la société, même dans les vestiaires des joueurs de hockey !

Dans une enquête menée auprès de 45 députés de l'Assemblée nationale du Québec, pour le compte du *Journal de Québec*, un député s'insurgeait contre cette pratique. Tout en déclarant qu'il était acceptable de protéger l'identité des sources d'information, il déplorait vivement la « culture des fuites », car « cela lèse les institutions, interfère avec les procédures définies dans le meilleur intérêt des citoyens et de la démocratie, diminue la réputation des uns et des autres auprès du public et cela apporte bien peu à la qualité de l'information ». Son évaluation globale des journalistes en poste à la Tribune de la presse demeurait cependant plutôt positive sur les plans de la compétence, de l'impartialité et de la rigueur.

Il paraît donc tout à fait approprié de soutenir, finalement, que cette pratique a des avantages certains pour tous les acteurs de la communication politique. Pour le public, faut-il le répéter, le principal avantage demeure la véracité et la pertinence des informations qui lui sont transmises, véracité et pertinence auxquelles il a un droit incontestable, peu importe que les sources soient anonymes ou non.

OÙ IL EST PERMIS DE DOUTER

QUE DES journalistes accordent d'abondance la parole aux fantômes de l'Assemblée nationale du Québec rend incontournable la question de l'imputabilité des acteurs médiatiques et politiques. Les chercheurs hésitent souvent à franchir le pas entre leurs activités scientifiques strictement empiriques et l'évaluation critique de la réalité qu'ils observent. Mais on peut difficilement aborder en profondeur le sujet des sources anonymes de nature politique sans s'engager aussi dans un exercice critique de cette pratique. Cela dit, il faut aussi éviter de sombrer dans le procès d'intention et les attaques personnelles. L'important est de limiter la discussion aux notions d'imputabilité et de responsabilité, tout en soulevant quelques problèmes que l'anonymat pose pour la qualité de la vie démocratique.

Romzeck et Dubnick énoncent quatre catégories d'imputabilité : bureaucratique, légale, professionnelle et politique (1987 : 229). Ce qui distingue ces catégories tient surtout à la nature des groupes auxquels les acteurs doivent répondre de leurs actes, et du contrôle effectif que ces groupes peuvent exercer sur les acteurs. Le contrôle peut venir de l'intérieur ou de l'extérieur des organisations pour lesquelles œuvrent les acteurs imputables, et ce contrôle peut être élevé ou minime. Je me bornerai à la question de l'imputabilité politique qui est définie par le fait que la source de contrôle est externe, mais elle est également minime en raison de la diversité des groupes à qui il faut rendre des comptes (électeurs, partisans, médias, commerçants, groupes de pression, etc.), ce qui dilue en quelque sorte leur emprise respective.

La notion d'imputabilité renvoie au devoir de rendre des comptes quant à des faits et gestes, dans le cadre de responsabilités spécifiques. Cela est tout à fait compatible avec ce qui est attendu des candidats élus en régime de démocratie représentative, qu'ils soient de type parlementaire britannique ou présidentiel. On leur demande essentiellement de rendre des comptes, d'expliquer leurs décisions à caractère public, de justifier leurs politiques. Bref, on attend d'eux qu'ils puissent prouver qu'ils ont assumé correctement leurs responsabilités de représentants de la population au sein du gouvernement. Romzeck et Dubnick mentionnent que le concept d'imputabilité politique est fondamental et nécessaire pour assurer une gestion démocratique des affaires publiques. Cette nécessité, ajoutent-ils, se reflète dans les diverses lois obligeant la tenue de réunions publiques, qui assurent aux citoyens l'accès à l'information et servent à privilégier la transparence des gouvernements.

Mais à qui les élus doivent-ils rendre des comptes? Peuvent-ils se présenter sur le seuil de chaque maison et faire état de leurs gestes, justifier leurs propos, défendre leur gestion? Certes non. On voit bien qu'une médiation est nécessaire pour que les élus puissent facilement rejoindre leurs mandants, et aussi pour que ces derniers puissent inciter les mandataires à rendre des comptes. Cette fonction de médiation à double sens, les journalistes prétendent l'assumer dans une société démocratique. Ils sont dès lors des représentants des «citoyens ordinaires» auprès des élus, comme le formulent, entre autres, Hallin et Mancini (1991: 259). Cette «mission» des journalistes est d'ailleurs revendiquée haut et fort par ceux-ci lorsque des porte-parole et représentants de divers corps sociaux, politiques et professionnels hésitent à rendre des comptes publiquement. Les journalistes invoquent le «droit du public à l'information», qui leur accorde la légitimité de poser les questions que le public poserait s'il avait la chance de se trouver en présence de ces représentants et porte-parole.

Dans le même sens, Giroux (1992: 101-102) est d'avis qu'une

> démocratie implique que les autorités dûment élues soient imputables à l'endroit des citoyens des gestes posés dans l'exercice de leurs fonctions. [...] c'est ainsi qu'une relation peut être établie entre la démocratie et l'information. En effet, le public ne peut juger les élus qu'à la condition qu'il soit renseigné sur la façon dont ils assument leurs responsabilités.

En parlant du Congrès américain, Leonard (1986: 94) soutient que la présence de journalistes et la production de comptes rendus relatifs à ses activités ont historiquement favorisé l'imputabilité des élus de cette institution, qui ont dû faire preuve de plus d'ouverture informationnelle.

Je peux difficilement passer sous silence, ici, les réserves d'Entman (1989: 4) quand il évalue la performance des médias à obliger les élus à rendre des comptes. Dans son ouvrage *Democracy without Citizens*, cet auteur américain défend la thèse selon laquelle les médias n'assument pas efficacement leur fonction de « chien de garde ». Il en veut pour preuve le fait que, depuis 1964, tous les présidents américains ont terminé leurs mandats « sérieusement ébranlés, dépourvus d'autorité ou défaits ». Selon Entman, ces situations ne se seraient pas produites si les journalistes avaient couvert convenablement les activités gouvernementales au lieu d'attendre que des situations de crise et des scandales se développent. En somme, les journalistes n'insistent pas aux bons moments pour forcer les élus à l'imputabilité, et ce laxisme permet la genèse d'activités gouvernementales illégales qui feront plus tard, et trop tard, l'objet de dénonciations dans les médias. L'analyse d'Entman reconnaît aussi que les citoyens sont généralement peu enclins à s'informer à propos des affaires publiques, ce qui n'est rien pour encourager les journalistes à les représenter avec plus de vigilance auprès de la classe politique. Le public a donc un rôle considérable à jouer dans la dynamique de la communication politique, et son indifférence pourrait justifier le peu d'intérêt que lui manifestent souvent journalistes et sources parlementaires dans le cadre de leurs négociations quotidiennes conduisant à la production de l'actualité politique.

Il existe néanmoins une relation forte entre journalisme, imputabilité des élus et qualité de la vie démocratique, et il y a tout lieu de s'inquiéter du fait que le recours à l'anonymat situe les journalistes et les élus plus près du pôle de la coopération, et même de la connivence selon les critiques les plus sévères, que de celui de l'adversité et de la distance critique.

Au cœur de ce contexte de proximité entre les journalistes et leurs sources, le recours aux sources anonymes peut être considéré comme une pratique contraire au devoir d'imputabilité des élus. En effet, on peut se demander si un élu rend vraiment des comptes publics quand il lui est permis de s'exprimer sous le couvert de l'anonymat, ce qui empêche les citoyens de lui demander de s'expliquer par la suite, relativement à ces faits précis et à leurs conséquences. Cette limitation est d'autant plus importante dans une culture politique du discours, où « dire c'est faire » (Rivet, 1979 : 57), et où on consacre beaucoup d'énergie et de ressources à la mise au point de discours politiques persuasifs.

Il serait cependant trop simple de rejeter catégoriquement le recours aux sources anonymes. Il est possible d'adopter une certaine réserve quant à cette pratique et de reconnaître que, si l'anonymat permet parfois aux sources d'échapper au principe d'imputabilité, il peut également devenir un moyen de forcer les élus à rendre des comptes. C'est ce qui arrive lorsque des sources jouissent de l'anonymat pour dénoncer des situations inacceptables (fraudes, scandales, détournements de fonds, etc.) concernant les élus ou l'administration publique qui doivent alors s'expliquer et rendre des comptes. Mais de telles dénonciations sont absentes des 451 énoncés anonymes que j'ai analysés ici. Au contraire, j'ai surtout observé la présence plus que considérable d'énoncés neutres sur le plan normatif qui annonçaient, expliquaient ou spéculaient quant aux décisions, aux intentions et aux stratégies des acteurs gouvernementaux.

On est en quelque sorte contraint d'affirmer que les journalistes qui accordent l'anonymat à leur sources permettent presque toujours à celles-ci de se soustraire au principe d'imputabilité politique qui semble peser moins lourd dans la balance que les considérations stratégiques des acteurs politiques et médiatiques. Critiquant le fait que des journalistes américains aient publié des informations erronées provenant d'une source confidentielle, dans la couverture de l'affaire Whitewater qui aurait pu éclabousser le président Bill Clinton, sans même aviser le public de l'existence de cette source et de ses motivations, Gilbert Cranberg, anciennement du *Des Moines Register* et devenu professeur de journalisme, a noté que dans ce cas la source et les médias ont été bien servis, chacun y trouvant son avantage, mais que le perdant aura été le public trompé (Cranberg, 1999 : 9).

Ce constat ne va pas sans soulever des questionnements sur l'éthique et la déontologique. On sait que la règle déontologique qui fait largement consensus prescrit aux journalistes d'identifier leurs sources d'information, en vertu des principes de l'objectivité de la presse et de la crédibilité des sources d'information que doit être en mesure d'évaluer le public. Mais plusieurs auteurs sont également d'avis qu'il peut exister de bonnes raisons de déroger à cette règle dans des situations exceptionnelles. Les journalistes sont du reste invités à prendre leurs décisions en tenant compte de certains critères. Le *Guide de déontologie* de la Fédération professionnelle des journalistes du Québec (FPJQ) aborde la question, en énonçant d'abord un principe qui associe nécessairement l'anonymat à la diffusion d'informations importantes pour le public, ce qui n'est pas toujours appuyé par la présente recherche. Puis il suggère quelques critères :

> Des informations importantes ne pourraient cependant être recueillies et diffusées sans que les journalistes ne garantissent l'anonymat à certaines sources. Cet anonymat peut toutefois servir aux sources pour manipuler impunément l'opinion publique ou causer du tort à autrui sans assumer la responsabilité de leurs propos.
>
> Il ne sera donc accordé, en dernier recours, que dans des situations exceptionnelles :
>
> • L'information est importante et il n'existe pas d'autres sources identifiables pour l'obtenir ;
>
> • L'information sert l'intérêt public ;
>
> • La source qui désire l'anonymat pourrait encourir des préjudices si son identité était dévoilée.

Les journalistes expliqueront la préservation de l'anonymat et décriront suffisamment la source, sans conduire à son identification, pour que le public puisse apprécier sa compétence, ses intérêts et sa crédibilité (1996 : 16-17).

Dans *Éthique et déontologie du journalisme* (1994b : 224-226), j'avais suggéré divers critères recensés dans la documentation scientifique et professionnelle, dont sont d'ailleurs inspirés ceux du *Guide* de la FPJQ. Je les résume simplement et précise que ces critères sont formulés sous forme interrogative afin d'encourager le journaliste à mener un raisonnement éthique autonome et rationnel :

L'information à être publiée sous le couvert de l'anonymat est-elle si importante et existe-t-il d'autres sources identifiables pour l'obtenir ?

Ai-je évalué et soupesé les bienfaits et les torts potentiels pour les autres (ceux visés par l'énoncé anonyme) ?

À moins d'avoir une source très fiable, puis-je vérifier les affirmations de la source anonyme et solliciter un point de vue différent avant la publication de l'information ?

Suis-je prêt à aller en prison pour défendre ma décision d'accorder l'anonymat et ai-je demandé à la source si elle était prête à révéler son identité si une telle menace pesait sur moi ?

La recherche exposée ici suggère que plusieurs des courriéristes parlementaires de l'échantillon font peu de cas de certains de ces critères, surtout en ce qui concerne la justification de l'anonymat et la description des sources afin de permettre au public de juger de leurs compétences, de leurs intérêts et de leur crédibilité. Bien entendu, il est impossible de déterminer si les courriéristes parlementaires ont évalué les bienfaits et les torts potentiels causés par leurs sources anonymes, mais on doit noter que peu d'énoncés anonymes ont été de nature critique ou à connotation négative, si bien que les « victimes » seraient peu nombreuses.

D'autre part, il est permis de penser que les courriéristes parlementaires se sont posé une telle question et ont refusé de publier des informations anonymes néfastes qui échappent de ce fait à l'analyse de contenu. Du reste, les informateurs politiques et journalistiques ont unanimement affirmé que l'anonymat ne devait pas servir à nuire à la réputation ou à faire état de la vie privée d'autrui. Il va sans dire que le courriériste qui transgresserait cette règle du jeu s'exposerait aux sanctions des sources, voire de ses collègues, ce qui le placerait aussitôt dans une situation stratégiquement désavantageuse, à moins qu'il puisse en tirer d'autres bénéfices, insoupçonnés. Quant aux informations publiées sous le couvert de l'anonymat, du point de vue de l'intérêt public, elles sont souvent douteuses tellement les spéculations sont présentes dans le corpus.

Les courriéristes ne satisfont pas toujours les critères reconnus du comportement professionnel attendu de leur part, du moins selon les normes de la profession. En toute justice, il faut ajouter qu'ils ne détiennent aucunement le monopole en la matière, puisque de tels écarts entre les normes et les pratiques se retrouvent chez les journalistes couvrant les affaires municipales, les faits divers, l'éducation ou l'économie. Ces écarts se retrouvent aussi chez l'ensemble des acteurs sociaux qu'ils soient politiques ou professionnels, cols bleus ou universitaires. L'observation et l'analyse de tels écarts sont à la base même du modèle des acteurs stratégiques qui utilisent leur autonomie et leurs ressources pour contourner les contraintes du système d'action dans lequel ils se trouvent et atteindre des objectifs particuliers, même s'il faut transgresser les normes officielles pour ce faire.

Malgré tout, le droit du public à l'information serait mieux servi si les courriéristes parlementaires étaient plus sélectifs dans leur recours aux sources anonymes, et s'ils fournissaient au public plus d'informations concernant les fantômes du Parlement qui hantent quotidiennement les pages des quotidiens, sans compter l'influence qu'ils ont dans la construction de l'actualité politique que rapportent également les journalistes de la presse électronique. C'est aussi ce qu'affirmait le journaliste d'enquête américain Murray Marder qui trouve « inexcusable » que les journalistes affectés à la couverture des activités à la Maison-Blanche n'informent pas le public de l'affiliation idéologique ou partisane de leurs sources d'information (Frantz, Tofani, Gutman, Kovach *et al.*, 1999 : 8). Le critique américain des médias, James Fallow, est également d'avis que les journalistes devraient informer davantage le public quant aux motivations de leurs sources fantômes (Columbia Journalism Review, 1998 : 3).

On peut douter du bien-fondé de l'affirmation de Ben Bradlee, ex-patron du *Washington Post*, quand il affirmait que le recours aux sources anonymes était une conspiration de la part des médias et des sources afin de cacher la vérité au public (Public Broadcasting System, 1998a : 2). Il s'agit simplement d'une stratégie mutuellement rentable. Même s'ils profitent du bénéfice du doute, les journalistes ne peuvent nier les risques de dérapage, comme l'ont appris les responsables de la salle de rédaction du *Philadalphia Inquirer*. Ce quotidien a eu la bonne idée de tenir une série de discussions franches parmi ses journalistes, à propos de l'équité et de l'exactitude de leurs reportages. C'est dans ces discussions que les responsables ont entendu un de leurs chroniqueurs raconter comment il a écrit qu'une personnalité n'avait pas de commentaires à faire concernant une information, alors que cette personnalité était une des sources anonymes citées dans le même article. D'autres journalistes sportifs ont pour leur part raconté avoir inventé des descriptions de sources anonymes pour brouiller les pistes.

Certains responsables de journaux, dont ceux du *Wall Street Journal* et du *Washington Post*, sont conscients de ces risques de dérapage et ont explicitement érigé une règle déontologique interdisant de protéger des sources en écrivant faussement qu'elles ont refusé de livrer leurs commentaires aux journalistes. Pour Mike Hoyt, qui fait état de ces exemples, le recours aux sources anonymes peut parfois conduire sur une pente savonneuse : on commence par citer une source anonyme qu'on décrit bien, puis une autre qu'on décrit un peu moins, puis un fantôme qu'on ne décrit pas du tout, puis une source anonyme qu'on décrit de façon trompeuse et, finalement, une source anonyme à qui on permet de dire, en l'identifiant, qu'elle ne commentera pas ce qu'elle a pu dire de façon anonyme (1999 : 2) !

CONCLUSION

IL Y A PEU de fondement à l'opinion largement répandue chez les journalistes voulant que l'anonymat est avant tout un exutoire nécessaire pour faire connaître des cas de gaspillage de fonds publics, de comportements malhonnêtes et de décisions hautement critiquables. Au contraire, les énoncés anonymes négatifs et dénonciateurs sont marginaux. Les énoncés critiques sont moins présents que semblent le croire ou que le perçoivent mes informateurs politiques. Cela est peut-être dû au fait que ces informateurs estiment négatifs ou critiques des énoncés neutres (sur le plan normatif) qui contrecarrent leurs propres stratégies. Si l'anonymat peut servir à dénoncer des situations inacceptables, cette fonction d'exutoire n'agit que dans des situations exceptionnelles et lors de circonstances très particulières, comme en témoigne le cas classique du Watergate.

Le périple au pays des fantômes du Parlement a aussi révélé l'existence d'un phénomène d'autocommunication de groupe puisque, le plus souvent, les sources anonymes rapportent, supputent ou spéculent, analysent ou expliquent, annoncent ou dévoilent les décisions, les intentions et les stratégies de leur propre groupe d'appartenance constitué des représentants du parti au pouvoir.

Nous connaissons mieux, maintenant, les avantages stratégiques des courriéristes parlementaires qui accordent le plus souvent l'anonymat à leurs sources d'information, notamment en ce qui concerne la hausse de la productivité générale et la publication de primeurs et de *scoops*. Cela sert l'avancement de leur carrière et alimente leur notoriété, notamment parce que les informations de sources anonymes ont droit à de meilleures places dans les journaux que les informations officielles, toutes proportions gardées.

Les courriéristes qui travaillent en équipe, pour un même journal, ont aussi l'avantage considérable de pouvoir consacrer plus de temps à la quête d'informations officieuses, puisque la couverture de l'information officielle est assurée. Nous savons que, de plus en plus, l'anonymat a une fonction de distinction non pas en ce qui a trait à la quantité, mais en ce qui a trait à la qualité et à l'impact de la production journalistique.

Pour les sources d'information politique, l'anonymat est fréquemment associé à une prime d'exclusivité relative qui garantit la diffusion de leurs messages sans que ceux-ci ne soient trop brouillés ou contaminés par des points de vue opposés ou différents. Les périodes d'activités politiques intenses sont particulièrement favorables à la diffusion d'informations anonymes, d'autant plus que l'information provient surtout des acteurs affiliés au parti politique détenant le pouvoir. Il va sans dire que l'anonymat permet également aux informateurs de contourner les contraintes de leur milieu, tout en se protégeant contre d'éventuelles représailles et sanctions.

Si le public peut tirer profit des indiscrétions calculées des fantômes du Parlement, il doit malheureusement se contenter d'une profession de foi en faveur des courriéristes parlementaires, car ces derniers sont avares de détails en ce qui regarde la description des intérêts, des affiliations et des compétences de leurs sources anonymes, et ne justifient jamais l'adoption de cette pratique journalistique qui ne fait pas l'unanimité. Selon le responsable de la Nieman Foundation, Bill Kovach, le public se méfie de la confiance aveugle qu'exige cette pratique, et les journalistes se placent dans une situation périlleuse si l'usage de sources anonymes devient une pratique courante, au lieu d'être l'exception (Hoyt, 1999 : 3).

Une fois cela convenu, il ne fait pas de doute que le recours à l'anonymat signifie que les courriéristes et leurs sources d'information se situent plus près du pôle de la coopération que du pôle de l'adversité. Cette coopération a des visées très pragmatiques, mais on ne peut ignorer la possible connivence ou complicité dans certains cas, ce qui assure une certaine force aux critiques qui dénoncent les relations trop étroites entre les élites médiatiques et politiques.

Il reste à savoir quelle place est accordée au droit du public à l'information au sein de cette dynamique. Pour l'instant les résultats suggèrent que cette place est secondaire à certains égards, ce dont témoigne, par exemple, le désintérêt marqué des courriéristes parlementaires lorsque vient le temps de décrire les compétences et les intérêts de leurs sources anonymes. Ce faisant, les journalistes prêtent flanc à la critique, comme le montrent bien les réactions ayant entouré l'affaire Clinton-Lewinsky. Il sera justifié parfois de dénoncer une trop grande coopération entre les courriéristes parlementaires et leurs sources d'information, une coopération qui serait nettement à l'avantage des sources anonymes, des journalistes et des entreprises de presse, mais qui désavantage-rait le public susceptible de faire les frais des tactiques de manipulation de l'information mises de l'avant par les sources politiques. Il y a donc un risque, difficile à évaluer avec précision mais néanmoins réel, que le désir de se démar-quer absolument de la concurrence en publiant plus de primeurs et de *scoops*, parfois sous la pression de l'employeur, en vienne à inciter le courriériste à devenir plutôt un *carriériste* parlementaire, comme le suggère une expression ironique qui décrit pourtant assez bien l'opinion de certains critiques.

Dans le cas des relations entre les sources politiques et les courriéristes de l'Assemblée nationale du Québec, une collaboration trop étroite suscite des inquiétudes quant à l'imputabilité des acteurs politiques d'une part, et au res-pect des principes éthiques et des règles déontologiques des journalistes d'autre part. L'anonymat a un fort potentiel d'imputabilité des élus s'il est utilisé à cette fin (en dénonçant des situations inacceptables, parmi d'autres), mais ce poten-tiel s'évanouit aussitôt que la pratique est utilisée presque exclusivement à des fins stratégiques, au détriment d'une meilleure couverture des activités parle-mentaires et de la fonction journalistique de chien de garde des institutions démocratiques.

Finalement, inquiétude toute personnelle et sans fondement empirique, je me demande si l'abondance de sources anonymes ne doit pas être perçue comme un indice de l'instauration d'une société de plus en plus autoritaire, au sein de laquelle les consciences, pour s'exprimer sans crainte de représailles, doivent se réfugier derrière l'anonymat. Souvenons-nous de cet informateur politique qui affirmait que l'anonymat lui permettait d'échapper à la rectitude politique qui impose une hypocrisie dans la parole publique.

Par expérience professionnelle je sais combien les sources d'information sont réticentes à faire état publiquement de leurs frustrations et critiques, même les plus légitimes, car elles craignent les sanctions de divers ordres : démotions, privations de subventions de recherche, perte d'emplois, attaques vicieuses de collègues ou de chroniqueurs, etc. Le besoin d'anonymat de la part des sources d'information pourrait témoigner de l'importance du contrôle social, communautaire, corporatiste, médiatique ou partisan sur la liberté d'expression des acteurs sociaux auxquels on refuse le droit à la dissidence, voire à la différence ; même lorsque les informations en cause sont loin d'être critiques pour leur groupe d'appartenance, comme le révèle l'analyse de con-tenu que nous avons explorée ensemble.

Si tel est le cas, si vraiment l'individu se retrouve sous la chape de plomb des institutions dites démocratiques et pluralistes, il serait nécessaire de recenser et d'analyser les contraintes formelles et informelles qui pèsent sur la liberté d'expression et de délibération dans l'espace public ; liberté qu'il ne faudrait surtout pas réduire aux coups de gueule et aux sophismes que certains animateurs radiophoniques et chroniqueurs de la presse écrite exercent bien souvent au mépris des droits et libertés de leurs victimes.

La liberté de presse, c'est-à-dire la liberté des journalistes de diffuser des informations vraies et d'intérêt public, est l'objet permanent de menaces et de contraintes extérieures, qu'il est nécessaire de dénoncer sur la place publique, comme nous l'avons fait par milliers dans les jours suivants la tentative de meurtre du journaliste Michel Auger, du *Journal de Montréal*, à l'automne 2000. Mais cette même liberté d'expression est également menacée de l'intérieur, dans les entreprises de presse et les institutions démocratiques, par ceux qui ne voient les médias que comme des entreprises pouvant maximiser les profits de leurs actionnaires ; ou comme des tremplins pour les propulser au firmament de la gloire, de la célébrité et de la richesse ; ou encore, comme un moyen efficace de manipuler l'opinion publique.

BIBLIOGRAPHIE

ADAMS, J. B., « The Relative Credibility of 20 Unnamed News Sources », *Journalism Quarterly*, vol. 39, hiver 1962, p. 79-82.

ADAMS, J. B., « Unnamed Sources and the News : A Follow-Up Study », *Journalism Quarterly*, vol. 41, printemps 1964, p. 262-264.

ALTHUSSER, Louis, « Ideology and Ideological State Apparatuses », *Lenin and Philosophy, and Other Essays*, Londres, New Left Books, 1971.

AMERICAN SOCIETY OF NEWSPAPER EDITORS, *Why Newspaper Credibility Has Been Droping*, 15 décembre 1998
(version électronique : http://www.asne.org/works/jcp/majorfinding1.htm).

ANDERSON, D., « How Newspaper Editors Reacted to *Post's* Pulitzer Prize Hoax », *Journalism Quarterly*, vol. 59, automne 1982, p. 363-366.

ANDERSON, Douglas, « How Managing Editors View and Deal with Ethical Issues », *Journalism Quarterly*, vol. 64, 1987, p. 341-345.

ANSART, Pierre, *Les sociologies contemporaines*, Paris, Seuil, coll. « Points », n° 211, 1990, 342 p.

ARCHIBALD, Samuel J., « Rules for the Game of Ghost », *Columbia Journalism Review*, vol. 6, n° 4, hiver 1967-1968, p. 17-23.

BATES, Stephen, *Realigning Journalism with Democracy : The Hutchins Commission, Its Times, and Ours*, Washington (D.C.), Annenberg Washington Program in Communication Policy Studies, 1995, 50 p.
(version électronique : http://www.annenberg.nwu.edu/pubs/hutchins/).

BENNETT, W. Lance, *News : The politics of illusion*, 3e édition, White Plains, Longman, [1983] 1996, 233 p.

BERNIER, Marc-François, « Les sources anonymes dans les comptes rendus journalistiques et l'imputabilité des élus », *Communication*, vol. 15, n° 1, 1994a, p. 37-58.

BERNIER, Marc-François, *Éthique et déontologie du journalisme*, Sainte-Foy, Les Presses de l'Université Laval, 1994b, 288 p.

BERNIER, Marc-François, *Les Planqués : le journalisme victime des journalistes*, Montréal, VLB, coll. « Parti Pris », 1995, 204 p.

BERNIER, Marc-François, « Et si André Pratte avait pris la bonne décision ? », *Le 30*, vol. 22, n° 8, septembre 1998, p. 34-36.

BERNIER, Marc-François, « Journalistes compétents... mais biaisés », *Le Journal de Québec*, 21 mars 2000, p. 8.

BLUMLER, Jay G. et Michael GUREVITCH, *The Crisis of Public Communication*, London, Routledge, 1995, 237 p.

BOEYINK, D.E., « Anonymous Sources in News Stories : Justifying Exceptions and Limiting Abuses », *Journal of Mass Media Ethics*, vol. 5, n° 4, 1990, p. 233-246.

BOUDON, Raymond et F. BOURRICAUD, *Dictionnaire critique de la sociologie*, Paris, Presses universitaires de France, 1990.

BOUDON, Raymond, *Le juste et le vrai : Études sur l'objectivité des valeurs et de la connaissance*, Paris, Fayard, 1995, 575 p.

BOURDIEU, Pierre, *Questions de sociologie*, Paris, Éditions de Minuit, 1984, 277 p.

BRAMAN, S., « Public Expectations of Media Versus Standards in Codes of Ethics », *Journalism Quarterly*, vol. 65, n° 1, printemps 1988, p. 71-77, 240.

BURRISS, Larry L., « Attribution in Network Radio News : A Cross-Network Analysis », *Journalism Quarterly*, vol. 65, 1988, p. 690-694.

CHARRON, Jean, *Les relations entre les élus et les journalistes parlementaires à l'Assemblée nationale du Québec : une analyse stratégique*, thèse de doctorat, Québec, Université Laval, 1990, 606 p.

CHARRON, Jean, *La production de l'actualité : une analyse stratégique des relations entre la presse parlementaire et les autorités politiques*, Montréal, Boréal, 1994, 446 p.

CHARRON, Jean, Jacques LEMIEUX et Florian SAUVAGEAU, *Les journalistes, les médias et leurs sources*, Boucherville, Gaëtan Morin, 1991, 237 p.

COLUMBIA JOURNALISM REVIEW, « What We Do Now », *Columbia Journalism Review*, mars-avril 1998, 10 p.
(version électronique : http//www.cjr.org/html/98-03-04- whatnow.html).

COCKERELL, Michael, Peter HENNESY et David WALKER, *Sources Close to the Prime Minister : Inside the Hidden World of the News Manipulators*, London, Macmillan, 1984, 255 p.

COMMITTEE OF CONCERNED JOURNALISTS, « The Clinton Crisis and the Press : A New Standard of American Journalism ? », *Committee of Concerned Journalists*, 23 février 1998, 10 p.
(version électronique : http://www.journalism.org/Clintonreport.htm).

COOPER, Thomas W., Clifford G. CHRISTIANS, Frances Forde PLUDE et Robert A. WHITE, *Communication Ethics and Global Change*, New York, éd. Longman, 1989, 385 p.

CRANBERG, Gilbert, « In Reporting on Whitewater, an Anonymous Source Misinformed the Press », *Nieman Reports*, vol. 53, n° 3, automne 1999, p. 9.

CRÊTE, Jean et Louis M. IMBEAU, *Comprendre et communiquer la science*, Sainte-Foy, Les Presses de l'Université Laval, 1994, 232 p.

CROZIER, Michel et Erhard FRIEDBERG, *L'acteur et le système*, Paris, Seuil, 1977, 500 p.

CULBERTSON, Hugh M., « Veiled Attribution — An Element of Style ? », *Journalism Quarterly*, vol. 55, 1978, p. 456-465.

CULBERTSON, Hugh M., « Leaks — A Dilemma for Editors as Well as Officials », *Journalism Quarterly*, vol. 57, 1980, p. 402-408, 535.

CULBERTSON, H. M. et N. SOMERICK, « Variables Affect How Persons View Unnamed News Sources », *Journalism Quarterly*, vol. 54, printemps 1977, p. 58-69.

CUNNINGHAM, Richard P., « Use of Anonymous Sources », *Editor & Publisher*, 5 mars 1983, p. 36.

DAVID, Michel, « L'honorable sénateur Jean-Claude », *Le Soleil*, 16 février 1993, p. A-8.

DE BONVILLE, Jean, *Les quotidiens montréalais de 1945 à 1985 : morphologie et contenu*, Québec, Institut québécois de recherche sur la culture, 1995, 223 p.

DE VIRIEU, François-Henri, *La médiacratie*, Paris, Flammarion, 1990, 294 p.

DELLI CARPINI, Michael X., « Critical Symbiosis. Three Themes on President-Press Relations », *Media Studies Journal*, vol. 8, n° 2, printemps 1994, p. 185-197.

DESBARATS, Peter, *Guide to Canadian News Media*, Toronto, Harcourt Brace Jovanovich, 1990, 274 p.

DESCHÊNES, Ulric, *L'insoutenable légèreté du discours. L'analyse de la jurisprudence du Conseil de presse du Québec*, mémoire de maîtrise, Département d'information et de communication, Faculté des arts, Université Laval, 1996, 101 p.

DUFOUR, Jacques, *Réflexions sur la protection des sources confidentielles d'information et du matériel journalistique*, mémoire de maîtrise en droit, Sainte-Foy, École des gradués, Université Laval, 1990.

DUMAS, Jean-Louis, *Histoire de la pensée, 3. Temps modernes*, Paris, Tallandier, coll. « Livre de poche Références », n° 0407, 1990, 512 p.

DYER, Carolyn Stewart et Oguz B. NAYMAN, « Under the Capitol Dome : Relationships between Legislators and Reporters », *Journalism Quarterly*, vol. 54, n° 3, 1977, p. 443-453.

EDELMAN, Murray, *Constructing the Political Spectacle*, Chicago/Londres, The University of Chicago Press, 1988, 137 p.

ENTMAN, R.M., *Democracy without Citizens : Media and the Decay of American Politics*, New York, Oxford, 1989, 232 p.

ERICKSON, Keith V. et Cathy A. FLEURIET, « Presidential Anonymity : Rhetorical Identity Management and the Mystification of Political Reality », *Communication Quarterly*, vol. 39, n° 3, été 1991, p. 272-289.

ERICSON, Richard V., Patricia M. BARANEK et Janet B.L. CHAN, *Visualizing Deviance : A Study of News Organization*, Toronto, University of Toronto Press, 1987, 390 p.

ERICSON, Richard V., Patricia M. BARANEK et Janet B.L. CHAN, *Negociating Control : A Study of News Sources*, Toronto, University of Toronto Press, 1989, 428 p.

EXOO, Calvin, *The Politics of the Mass Media*, New York, West Publishing Company, 1994, 332 p.

FÉDÉRATION PROFESSIONNELLE DES JOURNALISTES DU QUÉBEC, *Guide de déontologie des journalistes du Québec*, Montréal, 1996, 24 p.

FOREMAN, G., « Confidential Sources : Testing the Readers' Confidence », *Nieman Reports*, vol. 38, n° 2, été 1984, p. 20-23.

FRANTZ, Doug, Loretta TOFANI, Roy GUTMAN, Bill KOVACH *et al.*, « Naming Sources », *Neaman Reports*, vol. 53, n° 3, automne 1999, p. 7-8.

GANS, Herbert J., *Deciding What's News*, New York, Pantheon, 1979, 393 p.

GASSAWAY, Bob M., « Are Secret Sources in the News Media Really Necessary ? », *Newspaper Research Journal*, vol. 9, n° 3, 1988, p. 69-77.

GERSTLÉ, Jacques, *La communication politique*, Paris, Presses universitaires de France, coll. « Que sais-je ? », n° 2652, 1992, 128 p.

GIDDENS, Anthony, *The Constitution of Society : Outline of the Theory of Structuration*, Berkeley, University of California Press, 1986, 402 p.

GIEBER, Walter et Walter JOHNSON, « The City Hall "Beat" : A Study of Reporter and Source Roles », *Journalism Quarterly*, vol. 38, n° 3, 1961, p. 289-297.

GILSDORF, William O. et Robert BERNIER, « Pratiques journalistiques et couvertures des campagnes électorales au Canada », dans FLETCHER, Frederick J., *Sous l'œil des journalistes. La couverture des élections au Canada*, Commission royale sur la réforme électorale et le financement des partis politiques, Montréal, Wilson & Lafleur limitée, vol. 22, 1991, p. 3-89.

GINGRAS, Anne-Marie, *Médias et démocratie : le grand malentendu*, Sainte-Foy, Presses de l'Université du Québec, 1999, 237 p.

GIROUX, Guy, « L'information en démocratie », *Éthique de la communication publique et de l'information*, Rimouski, Cahiers de recherche éthique, n° 17, 1992, p. 101-112.

GOODWIN, Eugene, *Groping for Ethics in Journalism*, 2e éd., Ames, Iowa State University Press, 1987, 411 p.

HALBERSTAM, David, *The Powers That Be*, New York, Dell Publishing Co., 1984, 1071 p.

HALE, D. F., « Unnamed News Sources : Their Impact on the Perceptions of Stories », *Newspaper Research Journal*, vol. 5, n° 2, hiver 1984, p. 49-56.

HALLIN, Daniel C. et Paolo MANCINI, « Summits and the Constitution of an International Public Sphere : The Reagan-Gorbachev Meetings as Televised Media Events », *Communication*, vol. 12, juillet 1991, p. 249-265.

HALLORAN, Richard, « A Primer on the Fine Art of Leaking Information », *New York Times*, 14 janvier 1984, p. A-16.

HARGROVE, Charles, « Presse et diplomatie : le mariage de la carpe et du lapin », *Le Trimestre du monde*, vol. 3, n° 19, 1992, p. 53-59.

HENRY, William A., « On and Off the Record : Reporters Wrestle with Rules for Attribution », *Time*, 27 août 1984, p. 52.

HERMAN, Edward S. et Noam CHOMSKY, *Manufacturing Consent : The Political Economy of the Mass Media*, New York, Pantheon, 1988, 412 p.

HESS, Stephen, *The Government/Press Connection : Press Officers and their Offices*, Washington (D.C.), The Bookings Institution, 1984, 160 p.

HOSENBALL, Mark, « Leak-a-Boo : A Washington (Dis)Information Guide », *The New Republic*, 12 octobre 1987, p. 23-25.

HOYT, Mike, « Anonymous Sources, Slippery Slopes », *Columbia Journalism Review*, mai-juin 1999, 3 p.
(version électronique : http://www.cjr.org/year/99/3/essay/).

HULTENG, John L., *The Messenger's Motives... Ethical Problems of the News Media*, Englewood Cliffs (N.J.), Prentice-Hall, 1976, 262 p.

HULTENG, John L., *Playing it Straight*, Chester, American Society of Newspaper Editors, coll. « The Globe Pequot Press », 1981, 90 p.

IMBERT, Patrick, *L'objectivité de la presse. Le 4e pouvoir en otage*, Montréal, Hurtubise HMH, coll. « Cahiers du Québec/Communications », 1989, 211 p.

JOHNSTON, D., « The Anonymous Source Syndrome », *Columbia Journalism Review*, novembre-décembre 1987, p. 54-58.

JUUSELA, Pauli, *Journalistic Codes of Ethics in the CSCS Countries : An Examination*, Tampere, University of Tampere, 1991, 93 p.

KEEBLE, Richard, « The Politics of Sleaze Reporting : A Critical Overview of the Ethical Debate in the British Press of the 1990s », *Recherches en communication*, n° 9, décembre 1998, p. 71-81.

KINGDON, John W., *Agendas, Alternatives, and Public Policies*, University of Michigan, Harper Collins, 1984, 240 p.

KLAIDMAN, Stephen et Tom L. BEAUCHAMP, *The Virtuous Journalist*, New York, Oxford University Press, 1987, 246 p.

LASORSA, Dominic L. et Stephen D. REESE, « News Source Use in the Crash of 1987 : A Study of Four National Media », *Journalism Quarterly*, vol. 67, n° 1, printemps 1990, p. 60-71.

LEE, Martin A. et Norman SOLOMON, *Unreliable Sources : A Guide to Detecting Bias in News Media*, New York, Carol Publishing Group, 1990, 420 p.

LEMIEUX, Vincent, « Le jeu de la communication politique », *Revue canadienne de science politique*, vol. III, n° 3, septembre 1970, p. 359-375.

LEMIEUX, Vincent, *La structuration du pouvoir dans les systèmes politiques*, Sainte-Foy, Les Presses de l'Université Laval, 1989, 227 p.

LEONARD, Thomas C., *The Power of the Press : The Birth of American Political Reporting*, New York, Oxford University Press, 1986, 273 p.

LESAGE, Gilles, « L'information politique à Québec. De Duplessis à Lévesque : les journalistes au pouvoir ? », dans SAUVAGEAU, Florian *et al.*, *Dans les coulisses de l'information : les journalistes*, Québec, Québec/Amérique, 1980, p. 263-290.

LEVINE, Allan, *Scrum Wars : The Prime Ministers and the Media*, Toronto/Oxford, Dundurn Press, 1993, 389 p.

LICHTER, S. Robert, « Consistently Liberal : But Does It Matter ? », *Forbes Media Critic*, vol. 4, n° 1, automne 1996, p. 26-39.

LISÉE, Jean-François, *Le naufrageur*, Montréal, Boréal, 1994, 716 p.

LOUGH, Larry, « Our Readers Must Know Our Sources », *The Star Press Web Edition*, 26 mai 1997
(version électronique : http://www.thestarpress.com/starpress/news/0526lough.html).

MEDIA STUDIES CENTER, *Ethics, the Press and the Presidency*, New York, Freedom Forum, 1998, 26 p.

MILLER, John, « Rethinking Old Methods », *Content*, septembre-octobre 1990, p. 23-25.

MONIÈRE, Denis, « Les informations télévisées sont-elles biaisées en campagne électorale ? », *Recherches sociographiques*, vol. XXXV, n° 1, 1994, p. 67-85.

MUMFORD, Christy, « Jack Anderson Defends Source Anonymity », *The Freedom Forum and Newseum News*, 12 janvier 1998
(version électronique : http://www.freedomforum.org/professional/1998/1/12anderson.as).

NELSON, Michael, « Why The Press Exalts Presidential Power », *Media Studies Journal*, vol. 8, n° 2, printemps 1994, p. 155-162.

OUSTON, Rick, « Media Watch : To Name or Not to Name Sources », *Bulletin*, n° 44, été 1991, p. 15.

OVERBECK, Wayne, « Shield Laws in the Eighties », dans EMERY, Michael C. et Ted C. SMYTHE (dir.), *Readings in Mass Communication : Concepts and Issues in the Mass Media*, Dubuque, Wm. C. Brown Publishers, 1989, p. 348-354.

OVERHOLSER, Geneva, « Who Is "Anonymous" », *Washington Post*, 21 décembre 1997, p. C6.

OVERHOLSER, Geneva, « Allegations against The Press », *Washington Post*, 1er février 1998a, p. C8.

OVERHOLSER, Geneva, « How about Some Restraint ? », *Washington Post*, 8 février 1998b, p. C6.

PADIOLEAU, Jean G., « Systèmes d'interaction et rhétoriques journalistiques », *Sociologie du travail*, vol. 18, n° 3, 1976, p. 265-282.

PERREAULT, Jean-François, « André Pratte : le tabou du "Off the Record" », *Le 30*, vol. 22, n° 7, juillet-août 1998, p. 8-10.

PEYREFITTE, Alain, *C'était de Gaulle*, Paris, Fayard, coll. « Livre de poche », 1994a, 832 p.

POIRMEUR, Yves, « Marché de la communication et mutation de la vie politique », dans Centre universitaire de recherches administratives et politiques de Picardie, *La communication politique*, Paris, Presses universitaires de France, 1991, p. 115-133.

POVICH, Elaine S., *Partners & Adversaries : The Contentious Connection between Congress & the Media*, The Freedom Forum, 1996, document internet, 163 p. (http://www.freedomforum.org/FreedomForum/resources/media_and_soc/congress_and_media/).

PRATTE, André, *Les oiseaux de malheur : Essai sur les médias d'aujourd'hui*, Montréal, VLB Éditeur, 2000, 245 p.

PUBLIC BROADCASTING SYSTEM, « Lurking in the Shadows », *The NewsHour with Jim Lehrer Transcript*, 30 septembre 1998a, 6 p. (http://www.pbs.org/newshour/bb/media/july-dec98/sources_9-30.html).

PUBLIC BROADCASTING SYSTEM, « Lurking in the Shadows », *The NewsHour with Jim Lehrer Transcript*, 30 septembre 1998b, 4 p. (http://www.pbs.org/newshour/bb/media/july-dec98/sources_9-30a.html).

RADIO-TELEVISION NEWS DIRECTORS ASSOCIATION, « RTNDF Journalism Ethics and Integrity Project », document internet, 1998, 31 p. (http://www.rtnda.org/research/survey.pdf).

RANGEON, François, « Communication politique et légitimité », dans Centre universitaire de recherches administratives et politiques de Picardie, *La communication politique*, Paris, Presses universitaires de France, 1991, p. 99-114.

RICCHIARDI, Sherry, « Standards Are the First Casualty », *American Journalism Review*, mars 1998, 12 p. (version électronique : http//www.newslink.org/ajrricchiardi.html).

RIFFE, Daniel, « Relative Credibility Revisited : How 18 Unnamed Sources Are Rated », *Journalism Quarterly*, vol. 57, hiver 1980, p. 618-623.

RIFFE, D., D. SNEED et R.L. Van OMMEREN, « Deciding the Limits of Taste in Editorial Cartooning », *Journalism Quarterly*, vol. 64, n°s 2-3, été-automne 1987, p. 607-610.

RIVERS, William L., *The Adversaries*, Boston, Bacon Press, 1970, 273 p.

RIVERS, William L. et Cleve MATHEWS, *Ethics for the Media*, New Jersey, Prentice Hall, 1988, 307 p.

RIVET, Jacques, *Grammaire du journal politique*, La Salle, Hurtubise HMS, coll. « Cahiers du Québec », 1979, 350 p.

ROBERTSON, Lori, « Who Do You Trust ? », *American Journalism Review*, juillet-août 1998, 6 p. (version électronique : http://www.newslink.org/ajrlorijuly98.html).

ROMZEK, Barbara S. et Melvin J. DUBNICK, « Accountability in the Public Sector : Lessons from the Challenger Tragedy », *Public Administration Review*, vol. 47, n° 3, mai-juin 1987, p. 227-238.

SAINT-PIERRE, Jocelyn, *La tribune de la presse vue par...*, Recueil de témoignages publiés à l'occasion du 125ᵉ anniversaire de la Tribune de la presse du Parlement de Québec, Bibliothèque de l'Assemblée nationale, 1996, 151 p.

SAWATSKY, John, *Le pouvoir de l'ambition*, Montréal, Éditions Libre Expression, 1991, 513 p.

SCHLESINGER, Philip, « Repenser la sociologie du journalisme », *Réseaux*, n° 51, 1992, p. 75-98.

SEYMOUR-URE, Colin, *The American President : Power and Communication*, New York, St. Martin's Press, 1982, 190 p.

SHAW, D., *Press Watch : A Provocative Look at How Newspapers Report the News*, New York, MacMillan, 1984.

SHEPPARD, Judith, « Playing Defense », *American Journalism Review*, septembre 1998, 15 p. (version électronique : http://www.newslink.org/ajrjudysept98a.html).

SHERMER, Michael, « The Unlikeliest Cult in History », *Skeptic*, vol. 2, n° 2, 1993, p. 74-81.

SICKELS, Robert J., *Presidential Transactions*, Englewood Cliffs (N.J.), Prentice-Hall, 1974, p. 147-176.

SIGAL, Leon V., *Reporters and Officials*, Massachusetts, Lexington Books, 1974, 221 p.

SIGELMAN, Lee et David BULLOCK, « Candidates, Issues, Horse Race, and Hoopla », *American Politics Quarterly*, vol. 19, n° 1, janvier 1991, p. 5-32.

SIMPSON, Alan K., « In These Cynical Times, the American People Often Believe Those Anonymous Sources Are You », Newspaper Association of America, 1996, document Internet, 1 p. (http://www.naa.org/presstime/96/PTIME/cs2.html).

SMYTH, Frank, « "Official Sources," "Western Diplomats," and Other Voices from the Mission », *Columbia Journalism Review*, janvier-février 1993, p. 35.

SMYTHE, Ted Curtis, « Ethics in American Mass Communications : An Introduction », dans EMERY, Michael C. et Ted C. SMYTHE, *Readings in Mass Communication : Concepts and Issues in the Mass Media*, Dubuque, Wm. C. Brown Publishers, 1989, p. 361-374.

ST. DIZIER, B., « Reporters' Use of Confidential Sources, 1974 and 1984 : A Comparative Study », *Newspaper Research Journal*, vol. 6, n° 4, 1984, p. 44-50.

STEIN, M. L., *Getting and Writing the News : A Guide to Reporting*, New York, Longman, 1985, 297 p.

STRENTZ, Herbert, *News Reporters and News Sources ; What Happens before the Story Is Written*, Ames, Iowa State University Press, 1978.

TARAS, Davis, *The Newsmakers : The Media's Influence on Canadian Politics*, Scarborough, Nelson Canada, 1990, 248 p.

VENNE, Michel, « Québec manigance pour étouffer le débat », *Le Devoir*, 14 février 2000, p. A1.

VORMAN, Julie, « News Media Faulted for Scandal Coverage », 27 janvier 1998, article Internet de *Reuter*, diffusé par *Excite* (http://my.excite.com/news/r/980127/18/news-media).

WHITT, Mark A., « McIntyre v. Ohio Election Comm'n : "A Wholy New Boutique of Wonderful First Amendment Litigitation Opens Its Doors" », *Akron Law Review*, vol. 29, n° 2, hiver 1996, 28 p., document Internet (http://www.uakron.edu/lawrev/whitt.html).

WILHELM, Patricia, « Protection des sources », *Le Journaliste démocratique*, mai-juin 1991, n°s 5-6, p. 21.

WILLIAMS, Paul N., *Investigative Reporting and Editing*, Englewood Cliffs (New Jersey), Prentice-Hall, 1978.

WILLNAT, Lars et David H. WEAVER, « Public Opinion on Investigating Reporting in the 1990s : Has Anything Changed since the 1980s ? », *Journalism and Mass Communication Quarterly*, vol. 75, n° 3, automne 1998, p. 449-463.

WIRTH, Eileen M., « Impact of States Shield Laws on Investigating Reporting », *Newspaper Research Journal*, vol. 16, 1995.

WULFEMEYER, K. Tim, « Use of Anonymous Sources in Journalism », *Newspaper Research Journal*, vol. 4, n° 2, hiver 1983, p. 43-50.

WULFEMEYER, K.T., « How and Why Anonymous Attribution is Used in *Time* and *Newseek* », *Journalism Quarterly*, vol. 62, 1985, p. 81-86, 126.

WULFEMEYER, K.T. et L. MCFADDEN, « Anonymous Attribution in Network News », *Journalism Quarterly*, vol. 63, 1986, p. 468-473.